Crea un perfil eficaz en LinkedIn para lograr tus objetivos

Las claves para destacar y ser visible.

Primera edición 2017

Publicado por David Martínez Calduch

Todos los derechos reservados: David Martínez Calduch

ISBN-13: 978-1975989880

ISBN-10: 1975989880

Maquetación y gestión para comercialización en Amazon:

Queda rigurosamente prohibida, sin la autorización de los titulares del "Copyright", la reproducción total o parcial de esta obra por cualquier medio o procedimiento mecánico o electrónico, actual o futuro, comprendiendo la reprografía y el tratamiento informático, y la distribución de ejemplares de esta edición mediante alquiler o prestamos públicos.

La infracción de los derechos mencionados puede ser constitutiva de delito contra la propiedad intelectual (Art. 270 y siguientes del Código penal).

EL ÉXITO NO ES UN ACCIDENTE.

Es trabajo duro, perseverancia, aprendizaje, estudio, sacrificio y sobretodo, amor por lo que haces.

- Pele

Agradecimientos

Este libro es la acumulación de conocimientos conseguidos a través del estudio y la practica en innumerables horas, para llegar a averiguar cuáles son las acciones correctas y las más efectivas, en todos los trabajos y proyectos realizados para mi empresa y para los clientes, a los cuales les agradezco su confianza en mí, y todo el conocimiento que me han proporcionado.

David Martínez Calduch

Sobre el autor

David Martínez Calduch

Consultor en Social Selling y Estratega Digital en Soluciona Facil

Fundador de 3 empresas, formador y conferenciante internacional.

Más de 25 años de experiencia en Tecnologías de la Información y Comunicación.

Executive MBA ESIC Business and Marketing School

Transformación Digital de las organizaciones.

Escritor de varios libros:

http://amazon.com/author/davidmcalduch

28 años como formador in company, escuelas de Negocios y Universidades, en España y LATAM. Solution Partner de Hootsuite, Embajador de Hootsuite, ECC Consultor Certificado Evernote.

Apariciones en prensa www.davidmcalduch.com/prensa

Más información en:

- **email**: dmartinez@solucionafacil.es
- **LinkedIn**: https://es.linkedin.com/in/davidmcalduch
- **Twitter**: https://twitter.com/davidmcalduch
- **Websites**: https://www.solucionafacil.es
  https://www.davidmcalduch.com
- **Podcast**: https://davidmcalduch.com/podcast

Introducción

Después de darme de alta en el 2007 en LinkedIn y usarlo de una forma intensiva para los negocios, desde el 2009, he podido comprobar por mí mismo el gran potencial que se esconde dentro de LinkedIn.

Durante todos estos años he impartido conferencias, talleres y workshops, donde he mostrado como sacarle el máximo partido a LinkedIn, para lograr los objetivos que cada uno de nosotros nos marquemos.

Estos objetivos pueden ser, conseguir clientes, distribuidores, socios, inversores, mejorar nuestra marcar personal, buscar empleo, etc.

2011 conferencia LinkedIn en la Cámara de Comercio de Castellón a más de 300 empresarios.

Tras estos años impartiendo formaciones, realizando consultoría de LinkedIn a empresas y directivos, y realizando campañas de contenidos y publicidad en LinkedIn, he dado el paso para condensar mis conocimientos adquiridos, a través de una serie de libros que cubran las diferentes áreas de trabajo de LinkedIn, a esta serie la he llamado "Las Claves de LinkedIn".

www.lasclavesde.com/linkedin

El primero de los libros de esta serie es este, cuyo objetivo es explicarte de una forma clara y detallada, cómo crear un perfil de LinkedIn que esté enfocado a los objetivos que persigas, y que te ayude a conseguirlos.

No se trata de un libro teórico, sino, todo lo contrario, mi consejo es que debes de tener el libro justo al lado de tu ordenador y trabajar lo que vas leyendo, y ponerlo en práctica.

El libro empieza desde el momento 0, que es cuando te das de alta en LinkedIn, y finaliza cuando ya tienes creado todo el perfil completo, y empezaremos a generar nuestra agenda de contactos, buscar a personas y contactarlos. Todo esto lo trato en el siguiente libro.

Una de las cosas que más sorprende a los alumnos que vienen a mis clases y cuando me reúno con los clientes, es cuando ven el verdadero tamaño de LinkedIn, es por esa razón, que verás que este libro tiene más de 220 páginas, y en él solamente explico cómo hacer un buen Perfil de LinkedIn.

Cuando uno se adentra en LinkedIn es cuando ve el tamaño real que tiene, y es por esta cantidad tan grande de información que te tengo que transmitir, que he decidido dividirlo en varios libros, para que sea mucho más manejable para ti a la hora de ponerlos en práctica, de una forma escalonada y estructurada.

Dentro de esta serie, inicio la andadura con la publicación simultánea de los dos primeros libros, que cubren las siguientes partes:

- **Crea un perfil eficaz en LinkedIn para lograr tus objetivos**
    - En este libro, verás toda la planificación y creación del perfil, que es la piedra angular de todas las estrategias de trabajo en LinkedIn. También veremos temas de seguridad y problemas habituales, y como solucionarlos. Todo lo que hagas en LinkedIn, se basa en el buen trabajo, que hayas hecho aquí.
- **Consigue llegar a las personas adecuadas con LinkedIn**
    - En este libro, cubro la gestión de la red de contactos, así como formas de contactar, estrategias, búsquedas avanzadas, como saltarse las limitaciones, y Sales Navigator. La efectividad de este libro, radica principalmente en qué hayas hecho en este primero.

Para que puedas ir a las direcciones web que van a ir apareciendo en el libro, y que te sea más fácil poder escribirlas, te incluiré un código QR en cada una, para que las puedas escanear. A continuación, te pongo dos aplicaciones gratuitas, una para Android y otra para iOS, para que te la puedas escanear los códigos QR.

Android	iOS
QR Code Reader	Quick Scan - QR Code Reader
http://ow.ly/Yu2f30eyjCQ	http://ow.ly/J1Mb30eyjFx

Índice

Capítulo 1 .... **19**
Porqué necesito LinkedIn **19**
   1.1 Qué es LinkedIn 20
   1.2 Qué puedo conseguir con LinkedIn 24
   1.3 Mi opinión después 9 años usando LinkedIn 25
   1.4 Dónde está el límite 27
   1.5 Áreas de trabajo 28

Capítulo 2 .... **31**
Tu carrera y tu experiencia en digital **31**
   2.1 Social Selling la nueva forma de vender 33
   2.2 Qué es la marca personal 34

Capítulo 3 .... **35**
Introducción a LinkedIn **35**
   3.1 Trabajo previo, documentos a preparar 36
   3.2 Alta en LinkedIn paso a paso 39
   3.3 LinkedIn en tu Smartphone 44
   3.4 Qué es un perfil de LinkedIn 45
   3.5 Visión general de LinkedIn 46
   3.6 Menú principal 47

Capítulo 4 .... **51**
Perfil – Imagen de Cabecera **51**
   4.1 Estructura del Perfil de LinkedIn 51
   4.2 La imagen de cabecera 56
   4.3 Creando nuestra imagen de cabecera personalizada 58
   4.4 Estrategias Corporativas de la imagen de cabecera 60

Capítulo 5 .... **61**
Perfil – Ficha de contacto **61**
   5.1 Qué es y cuál es su objetivo 62
   5.2 La foto del perfil, todo lo que hay que tener en cuenta 63

  5.2.1 Características de la foto, errores y consejos 64
  5.2.2 Consejos de LinkedIn para la foto 68
  5.2.3 El nuevo editor de fotos 69
  5.2.4 El nuevo editor de fotos en el Smartphone 71
 5.3 El Título profesional con SEO 73
 5.4 Puesto actual y Estudios 77
 5.5 El beneficio de la ubicación y el sector 77
 5.6 El Extracto 78
  5.6.1 Qué no es un Extracto 80
  5.6.2 ¿Qué es un Extracto? 80
  5.6.3 Cómo planificar y gestionar nuestro Extracto 81
  5.6.4 Diseñando nuestro Extracto 83
  5.6.6 Creación de Contenidos 93

Capítulo 6 97

Perfil – Actividad y resultados 97

 6.1 Estadísticas de nuestras acciones 98
 6.2 Visitas a tu perfil 98
 6.3 Visualizaciones de tu publicación 100
 6.4 Apariciones en búsquedas 104
 6.5 Cajetín de Artículos y Actividad 105

Capítulo 7 107

Slideshare 107

 7.1 Alta en Slideshare 107
 7.2 Configuración de la cuenta 109
 7.3 Crear nuestro contenido 112
 7.4 Subir el contenido 121
 7.5 Publicar el contenido 122

Capítulo 8 125

Perfil – Información de contacto 125

 8.1 Estructura y funcionamiento 125
 8.3 Analizando los resultados de los buscadores 131
 8.4 Páginas web 133
 8.5 Teléfono y dirección 134
 8.6 Email/s 135
 8.7 Cuentas de Twitter 137

Capítulo 9 141

Perfil – Puestos de trabajo 141

9.1 Perfil Junior 142
9.2 Perfil Senior 143
9.3 Estructura y funcionamiento 144
9.4 Añadir puestos de trabajo 145
    9.4.1 Cargo 147
    9.4.2 Empresa 147
    9.4.3 Localización 149
    9.4.4 Periodo de tiempo 150
    9.4.5 Descripción 151
    9.4.6 Media 152
    9.4.7 Difusión y guardar 153
9.5 Cambiar de orden los puestos de trabajo 153
9.6 Borrar puestos de trabajo 154

Capítulo 10 155

Perfil – Educación 155

10.1 Dar de alta los estudios 155
    10.1.1 Universidad 157
    10.1.2 Degree / Grado 157
    10.1.3 Campo de estudios 157
    10.1.4 Grade / Calificación 158
    10.1.5 Actividades y Sociedades 158
    10.1.6 Periodo de tiempo 158
    10.1.7 Descripción 158
    10.1.8 Media 159
    10.1.9 Compartir y guardar 159
10.2 No encuentro mi Universidad 159

Capítulo 11 161

Perfil – Aptitudes y Validaciones 161

11.1 Trabajo previo 164
11.2 Añadir la sección 165
11.3 Añadir aptitudes, eliminarlas y ordenarlas 166
    11.3.1 Añadir aptitudes 167
    11.3.2 Cambiarlos de orden 167
    11.3.3 Eliminar las aptitudes 167
    11.3.4 Configurar las validaciones 168
    11.3.5 Quién me ha validado y ocultarlo 169
11.4 Estadísticas 170
11.5 Gestión desde el Smartphone 172

    11.5.1 Validar aptitudes 172
    11.5.2 Gestionar nuestras aptitudes 173
  11.6 Búsqueda de empleo **175**
  11.7 Impedir que alguien nos valide **176**
  11.8 Validaciones duplicadas **177**
  11.9 Validar y des validar **177**

Capítulo 12 179

Perfil – Recomendaciones 179
  12.1 Mientes más que una recomendación de LinkedIn **180**
    12.1.1 El mal uso de las recomendaciones 180
    12.1.2 El buen uso de las recomendaciones 181
  12.2 Cómo pedirla paso a paso **181**
  12.3 Cómo hacer una recomendación **183**
  12.4 Gestionar las recomendaciones **184**
    12.4.1 Recibidas 184
    12.4.2 Hechas 185
  12.7 Mover recomendaciones **186**
  12.6 Diferencia entre Validaciones y Recomendaciones **186**

Capítulo 13 187

Perfil – Logros 187
  13.1 Como añadir secciones de logros **188**
  13.2 Cursos **189**
    13.2.1 Añadir Cursos 190
    13.2.2 Modificar Cursos 191
    13.2.3 Eliminar Cursos 191
    13.2.4 Ordenar Cursos 191
  13.3 Publicaciones **192**
    13.3.1 Añadir publicaciones 192
    13.3.2 Modificar y eliminar publicaciones 193
    13.3.3 Cambiar de orden a los autores 193
  13.4 Certificaciones **194**
  13.5 Honores y premios **195**
  13.6 Organizaciones **195**
  13.7 Idiomas **196**
  13.8 Proyectos **196**
  13.9 Patentes **196**
  13.10 Puntuaciones **197**
  13.11 Voluntariado **197**
  13.12 Intereses **198**

Capítulo 14 .... **199**

Perfil en varios idiomas **199**
   14.1 Idiomas disponibles 199
   14.2 Crear el perfil en otro idioma 201
   14.2 Eliminar idiomas 202

Capítulo 15 .... **203**

Tipos de cuentas Premium de LinkedIn **203**
   15.1 Búsqueda de empleo 205
   15.2 Empresas 206
   15.3 Ventas 207
   15.4 Contrataciones 208

Capítulo 16 .... **211**

Búsqueda de empleo **211**
   16.1 Estar en búsqueda sin que lo sepa mi jefe 211
   16.2 Cuantas ofertas de trabajo hay 213
   16.3 Analizando salarios 214

Capítulo 17 .... **215**

Seguridad y Privacidad **215**
   17.1 Como me ven los demás cuando los visito 215
   17.2 Acceso a tu agenda de contactos 219
   17.3 Otros perfiles iguales que tu 221
   17.4 En que dispositivos tienes conectado tu LinkedIn 223
   17.5 Donde tengo conectada mi cuenta de LinkedIn 225

Capítulo 18 .... **229**

Problemas habituales y sus soluciones **229**
   18.1 Quiero cerrar una cuenta de LinkedIn 229
   18.2 Mi Perfil de Empresa es un Perfil Profesional 230
   18.3 Tengo dos cuentas y quiero fusionarlas 230
   18.4 No recuerdo la contraseña 232
   18.5 No recuerdo la contraseña y mi acceso al email 232
      18.5.1 Usar otro email.. 232
      18.5.2 Verificar identidad.. 233
      18.5.3 Renovar la contraseña por móvil 234
      18.5.4 Configurar móvil.. 234
   18.6 No quiero que mi perfil sea público 235

Capítulo 19 .... **237**
Últimos consejos **237**

Capítulo 1

Porqué necesito LinkedIn

"Me lo contaron y lo olvidé, lo vi y lo aprendí, lo hice y lo entendí"

- *Confucio*

LinkedIn ha redefinido la forma de hacer los negocios, de interactuar entre las personas y de generar sinergias. Como mérito de LinkedIn, destacaría que han sido unos verdaderos visionarios en la forma de cómo los profesionales deben desenvolverse, y han creado la herramienta perfecta para tal fin.

En este libro vas a entender el verdadero potencial de LinkedIn, y como te puede ayudar a conseguir tus objetivos. Se trata de una obra en la que he volcado los conocimientos que he ido adquiriendo. Por el tipo de libro que he escrito, debes ir aplicando lo que vayas aprendiendo, para así sacarle el máximo provecho.

1.1 Qué es LinkedIn

LinkedIn es una red profesional, a diferencia de otras redes más lúdicas como Facebook donde el objetivo es estar en contacto con amigos y conocidos, y compartir videos de gatitos. LinkedIn se centra en relaciones profesionales.

El objetivo de LinkedIn es crear una comunidad para los negocios y la búsqueda de empleo. Los profesionales se dan de alta, para crear su presencia digital, crear una reputación y establecer relaciones y sinergias.

LinkedIn fue fundada en diciembre de 2002 por Reid Hoffman, Allen Blue, Konstantin Guericke, Eric Ly y Jean-Luc Vaillant y lanzada en mayo de 2003.

En el mercado de Redes Profesionales existe Xing que es de Alemania y Viadeo que es de Francia, el fuerte crecimiento de LinkedIn ha hecho que haya ido acaparado todo el mercado a nivel mundial.

Desde la aparición de LinkedIn, ha tenido unas tasas de crecimiento muy altas.

- 2003 may - Se funda LinkedIn
- 2007 sept - 14.000.000 de miembros
- 2009 oct - 50.000.000 de miembros
- 2010 feb - 60.000.000 de miembros
- 2010 jun - 70.000.000 de miembros
  - y 1.000.000 de perfiles de empresas
- 2010 nov - 85.000.000 de miembros
- 2011 feb - 100.000.000 de miembros
- 2013   > 300.000.000 de miembros
- 2017   500.000.000 de miembros

A partir de 2009 se produce el punto de ruptura, que hace que el crecimiento de LinkedIn sea meteórico, pasando de 14 millones de profesionales a 85 millones en solo 3 años, y a partir de ahí más de 300 millones en el 2013, y 500 millones en el 2017.

Capítulo 1: Perfil de LinkedIn 21

https://blog.linkedin.com/2017/april/24/the-power-of-linkedins-500-million-community

En el 2010 cuando se lanzan los perfiles de empresa, podemos ver como las empresas se volcaron a darse de alta y crear los perfiles de empresa.

El crecimiento de LinkedIn ha sido muy rápido debido a la situación de crisis internacional, y a la necesidad de los profesionales de encontrar un empleo y conseguir clientes.

Pero este crecimiento va a seguir siendo imparable por la siguiente razón, los universitarios se dan de alta en el último año de carrera para localizar un empleo. Así, las tasas de altas van a ser constantes, y las cuotas de implantación en la sociedad aún son muy bajas, muchas personas no conocen aun LinkedIn, o lo han oído, pero no son conocedores del potencial que tiene para ayudarles en sus objetivos.

Como ejemplo vemos a Facebook con 1,94 mil millones de usuarios activos al mes[1], así que como se suele decir, queda aún mucho por crecer.

El 13 de junio de 2016 Microsoft realizó la compra de LinkedIn por 26.200 millones de dólares, ahora se está produciendo la integración con Office 365 y con Microsoft Dynamics CRM.

World's Leading Professional Cloud +
World's Leading Professional Network

A common mission centered on
empowering people and organizations

Empower every person and every organization on the planet to achieve more.

Connect the world's professionals to make them more productive and successful.

Connecting the professional world

1+ Billion
Microsoft Users

467+ Million
Members

Creating more connected, intelligent
and productive experiences

https://blog.linkedin.com/2016/06/13/microsoft-and-linkedin

---

1 https://es.wikipedia.org/wiki/Facebook

Capítulo 1: Perfil de LinkedIn

LinkedIn se ha caracterizado por estar siempre renovando la plataforma y mejorándola, desde la adquisición por Microsoft, se ha realizado un cambio muy fuerte en todas las funciones y forma de trabajo de LinkedIn.

Aparentemente en un primer momento nos puede parecer que ha sido visual, pero el gran cambio ha sido de la metodología de trabajo y de la forma del uso de LinkedIn.

Se trata de un LinkedIn, donde la forma de sacarle rendimiento ahora es diferente a la versión anterior al 2017.

El slogan de LinkedIn es "Relationships Matter" las relaciones son importantes, y aquí ya tenemos una de las claves de LinkedIn.

Yo trabajo mucho con Directivos que están interesados en mejorar su marca personal, en buscar un nuevo empleo, y ven a LinkedIn como un hándicap. Y te voy a decir lo mismo que les digo a ellos, tu sabes lo más importante, tu carrera profesional, tu experiencia, tus conocimientos, tu saber hacer, y todo eso lo podemos trasladar y usar en LinkedIn, para tu beneficio. Tú tienes lo difícil, lo que cuesta años de trabajo llegar a conseguirlo, y ahora solamente tenemos que trasladarlo a un nuevo entorno, en este caso digital.

Por supuesto hace falta aprender a usarlo, pero te repito, eso vas a ver que es muy fácil, para eso es este libro y la serie. Si practicas lo que te voy a enseñar, verás que una vez se aprende, todo en esta vida es fácil.

La gran ventaja que vas a conseguir con esta serie de libros, es que la gran mayoría de personas que se encuentran en LinkedIn, lo que hacen, lo han aprendido por prueba y error, no se han profesionalizado, no se han formado en su uso, y eso es una gran ventaja. Como suelo decir en este caso, todo el campo es verde.

1.2 Qué puedo conseguir con LinkedIn

He aquí la clave de LinkedIn, en qué te puede ayudar, para qué sirve, pero en tu caso en concreto. Este aspecto es uno de los grandes "misterios" por parte de las personas, qué hace que personas que están en LinkedIn no lo usen más, o personas que no se den de alta, al pensar que LinkedIn es solo una plataforma para buscar empleo cuando lo necesiten, que es verdad, sirve para eso, pero es solo una de sus posibilidades.

Vamos a ver algunos de sus usos:

- Carrera profesional
    - Estar en contacto con compañeros de trabajo y compañeros de estudios.
    - Conseguir un empleo.
    - Aumentar tu reputación profesional / marca personal, mejorar tu imagen dentro de la empresa.
    - Conseguir clientes.
- Empresa
    - Dar visibilidad a la empresa.
    - Dar mayor difusión a su mensaje.
    - Aumentar las ventas.
    - Atraer talento.
    - Exportar / Internacionalizar.
    - Localizar Distribuidores / Partners.
- Startup
    - Dar a conocer tu proyecto.
    - Conseguir inversores.
    - Contratar expertos.

Estos son solo algunos de los usos que le puedes dar a LinkedIn, y aquí viene la pregunta más importante ¿qué es lo que tú quieres conseguir?

1.3 Mi opinión después 9 años usando LinkedIn

De vez en cuando, me encuentro con directivos y empresarios, que me comentan que LinkedIn no les funciona. Que llevan varios años dados de alta, que tienen muchos contactos, pero que al final no consiguen generar negocio.

El estar dado de alta en un sitio, no implica y no significa que se vayan a obtener resultados, esto sería lo mismo que decir que, simplemente por el hecho de hacernos tarjetas de visita, ya vamos a vender. Una visión bastante simplista.

Y eso mismo ocurre también en Linkedin. Esos mismos profesionales, cuando les reviso sus perfiles, las acciones que realizan y estrategias que están llevando a cabo, puedo comprobar, que están en un nivel muy básico, tanto en la creación de sus perfiles (pieza fundamental), como en el uso de esta herramienta.

Así, que me he decidido a escribir este libro, con el objetivo de explicarte lo fabulosa es esta herramienta llamada Linkedin, y qué resultados hemos conseguido en nuestra empresa. También te podría explicar casos de éxito de nuestros clientes, a los que les hemos realizado proyectos de LinkedIn, generación de ventas, captación de candidatos, proyectos de internacionalización, entre otros.

Yo llevo usando LinkedIn desde octubre del 2007, en el momento que decidí fundar mi propia compañía en el 2009, nos marcamos a LinkedIn como la herramienta clave para la generación de negocio. Desde el principio, en mi empresa hemos usado LinkedIn como herramienta comercial, para la generación de Leads a nivel nacional (España) e Internacional, principalmente de C-level.

Hemos usado LinkedIn como un imán, creando un Branding, basados en nuestros perfiles, que nos ayuda a la empresa en nuestro túnel de ventas, para realizar la generación de Leads y convertirlos en clientes.

Hemos podido comprobar por nosotros mismos, cuán grande es la potencia de LinkedIn, que no se queda solamente dentro de la misma red social con su propio buscador, sino que, además, ayuda a posicionarse en los buscadores de internet.

Esta situación, nos ha permitido conseguir clientes, de los cuales, en algunos casos, han sido ellos mismos, al encontrarnos al hacer sus búsquedas, los que nos han llamado para contratarnos.

Para la realización de proyectos altamente técnicos, LinkedIn nos ha permitido, en cuestión de unas pocas horas, identificar, contactar, evaluar y contratar a los profesionales que tenían que participar en el proyecto.

Ya llevamos tiempo usando la plataforma de campañas de publicidad de LinkedIn, para nosotros y para nuestros clientes, proporciona un nivel tan detallado de segmentación, que nos ha permitido la generación de Leads de muy alto valor.

En nuestro caso, ya estamos usando desde hace unos años, técnicas más avanzadas de Social Selling, y durante este año ya hemos empezado a incorporar procesos de automatización de CRM, y análisis de datos (Business Intelligence y Minería de Datos) en Big Data.

En estos momentos estamos lanzando una plataforma de formación online, debido a que tenemos clientes por toda la geografía española y en diferentes países, y queremos que todos tengan acceso a las formaciones que impartimos.

http://aulavirtual.solucionafacil.es

Para que veas un poco el tamaño que tiene LinkedIn, comentarte que el curso para saber crear un buen perfil profesional son cinco horas, que cubre el menú de LinkedIn donde dice perfil, el resto de los menús son más horas, como invitar, gestionar contactos, curación y publicación de contenidos, grupos, etc. todo por supuesto desde un punto de vista de negocio, basado en tus objetivos.

Así que te animo a que dejes de ir haciendo pruebas y error, te formes y profesionalices el uso correcto de LinkedIn, los resultados se pueden conseguir, como has podido ver. Ahora es cuestión de tomar la decisión de empezar a generarlos tú.

Al leer este libro has tomada la decisión correcta de formarte, pero ahora tienes que aplicar lo que veas y así empezar a notar sus efectos.

1.4 Dónde está el límite

Realmente el único límite lo marcas tú. Yo me he podido demostrar a mí mismo, que no hay nada imposible que se pueda conseguir con LinkedIn.

Literalmente puedes llegar a poder contactar y hablar con cualquier persona, como ejemplos te pongo algunas personas que tengo como contacto Nivel 1, a la presidenta de LinkedIn España, CEO LinkedIn China, el vicepresidente de LinkedIn USA, centenares de CEOs de España e Internacionales de grandes empresas y multinacionales, miles de Directivos de Ventas, Marketing, CIOs, CFOs, etc.

Por supuesto todo esto, está hecho con el trabajo que he ido desarrollando, basado en los objetivos que yo deseaba conseguir.

Con esta explicación no quiero darte la imagen que en LinkedIn hay que ir a lo loco, ni mucho menos, hay que planificarse bien, marcarse los objetivos, ver tu situación actual, y ver si estamos en situación de llegar de entrada donde quieres o hay que esperarse. Las prisas son malas consejeras.

El pilar principal siempre es tu perfil profesional, con un mal perfil, un perfil que no genere confianza, todas estas personas no me hubiesen aceptado nunca.

Es por esta razón, la importancia que tiene el hacer un muy buen perfil profesional, que refleje tu verdad (solo la verdad) y tu realidad, tu carrera profesional y tu experiencia, que es lo que va hacer que te permita llegar a las personas que quieres llegar.

Si tu nivel de carrera profesional no está al nivel necesario, para poder alcanzar a los contactos que quieres llegar, solamente tienes una opción, que es lo que yo hice. Trabaja tu carrera profesional, hasta que llegues a ese punto. Porque, cuando contactas con una persona, solamente tienes un cartucho y si lo haces mal, va a ser muy difícil o casi imposible volver a repetirlo.

1.5 Áreas de trabajo

LinkedIn está dividido en varias áreas, en este libro vamos a cubrir la primera área, por un sentido lógico, ya que, por hacerte un símil, sería como la creación de los cimientos de la casa que deseamos construir.

En este libro vamos a cubrir el primero "Perfil Profesional"

Recuerda que la piedra angular de todo lo que vas a ver, es el Perfil Profesional, los usos que le podemos dar a tu Perfil Profesional una vez este creado y bien desarrollado son estos:

Capítulo 1: Perfil de LinkedIn 29

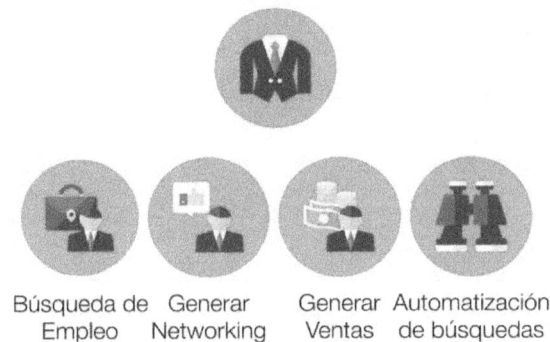

Y dentro del Perfil Profesional nos encontramos con la siguiente estructura que es con lo que vamos a trabajar:

Dentro de estas secciones, en este libro vamos a cubrir:

- Perfil, la creación completa del Perfil de LinkedIn.
- App, como usar la aplicación del Smartphone.
- Funciones avanzadas.

En el segundo libro "Consigue llegar a las personas adecuadas con LinkedIn" veremos:

- Contactos.
- Seguridad y Privacidad.
- Mensajería.
- Búsquedas, incluidas búsquedas avanzadas y automáticas.

Con lo que, con los dos libros, tendremos toda el área del perfil completo.

Capítulo 2

Tu carrera y tu experiencia en digital

"Si no tienes una presencia digital en la red,

te aíslas y nadie se acuerda de ti"

Lars Hinrichs, Fundador de Xing

Tu carrera profesional y tu experiencia son fundamentales, bien usados, te van a ayudar a generar confianza con tu interlocutor, pero el mundo offline tiene un límite, la cantidad de personas con las que te puedes reunir, y de horas al día que podemos disponer. Y es aquí cuando el mundo digital nos permite romper esa barrera y ayudarnos a aumentar nuestro alcance.

Si no tenemos aún carrera profesional, nos toca trabajar para crearla, el esfuerzo constante y el tiempo te convertirán en un gran profesional, recuerda el bambú.

Cuando se planta el bambú, durante los primeros meses no sucede nada, esto sucede solamente durante los primeros siete años, en ese tiempo ha estado creado un sistema de raíces, y cuando llega el séptimo año, en seis semanas el bambú crece más de 30 metros.

Debes pensar en tu carrera profesional a medio y largo plazo.

Así es como las personas piensan que es una carrera profesional.

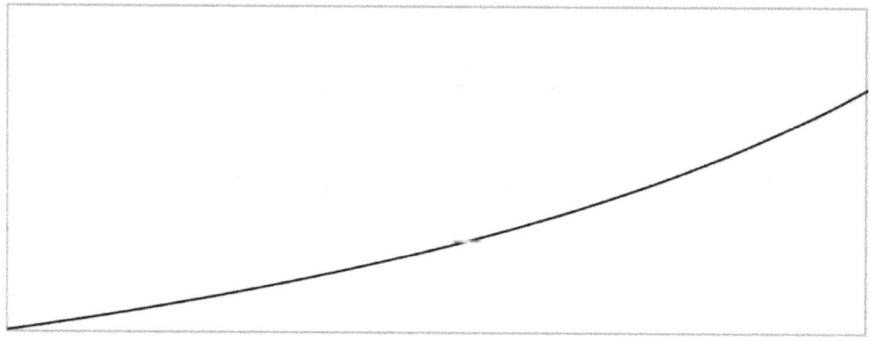

Y así es como es realmente.

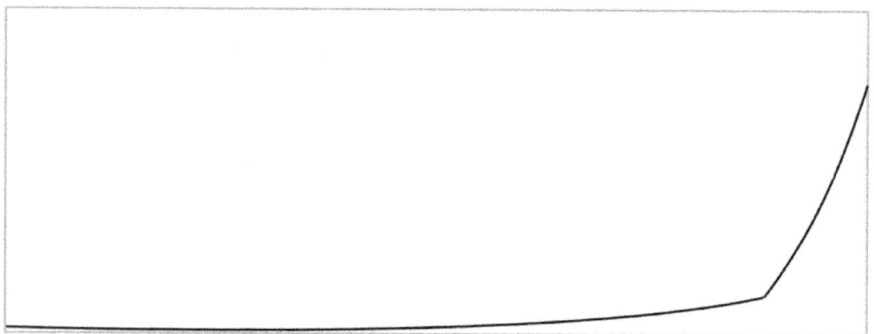

Si lo queremos transmitir en el mundo digital es algo que no es cierto, nos vamos a convertir en el típico vendedor de humo. Se trata de una decisión personal de que queremos ser en verdad.

Por lo tanto, debemos de ser muy estrictos e íntegros, y publicar solamente aquello que sea verdad. Y esto no quiere decir que tengamos que publicarlo absolutamente todo, no estamos en Facebook ni en redes sociales lúdicas. Aquí te estás jugando tu carrera profesional, tu futuro.

Capítulo 2: Tu carrera y tu experiencia en digital   33

2.1 Social Selling la nueva forma de vender

La forma de hacer las ventas y el propio embudo de ventas ha cambiado radicalmente, LinkedIn es una pieza fundamental en este nuevo modelo de ventas. En este apartado no me voy a extender mucho, ya que deberías de trabajarlo solamente cuando hayas acabado de aplicar este libro y el de generación de contactos.

Si quieres profundizar más en este apartado puedes hacerlo en otra obra práctica que he escrito con Esmeralda Díaz-Aroca y que tienes disponible en Amazon.

http://amzn.to/2tg9mLI

2.2 Qué es la marca personal

En el nuevo modelo de hacer negocios, hemos cambiado el modelo, hemos ido incorporado cada vez más tecnologías y a la vez nos hemos acercado más a la parte humana.

El antiguo modelo de B2C o B2B, ahora se ha simplificado a un modelo H2H (humano a humano). Si quiero hacer negocios con una empresa, yo no puedo hablar con un logotipo, con un edificio, trabajamos con una persona que representa a esa compañía.

Si la persona con la que contacto o me contacta, no me transmite confianza, buscaré a otra empresa que me dé solución. Y esa empresa, debido a esa persona, consigue o pierda la venta.

Así que el reconocimiento como profesional que tienes hoy en el día a día entre tus colegas y clientes, necesitamos trasladarlo a un entorno digital para que te ayude en esta labor.

Esta marca personal digital, actualmente la estamos trabajando dentro de proyectos de empresa en Employer Branding y en Employee Advocacy, las empresas se están dando cuenta de la importancia de la marca de los profesionales que están entre sus filas.

Así que es hora de empezar a crear tu presencial y marca digital.

Capítulo 3

Introducción a LinkedIn

Tienes que estar constantemente reinventándote e invertir en el futuro.

- Reid Hoffman, Cofundador de LinkedIn

A hora lo que vamos a hacer, es empezar a trabajar con LinkedIn, si ya estás dado de alta en LinkedIn, léetelo para ver en qué puedes mejorar, ya que aquí te voy a mostrar la metodología que yo uso paso a paso.

Si aún no te habías dado de alta, sigue la guía que te muestro aquí para hacerlo bien desde el principio.

Ahora vamos a darnos de alta en LinkedIn y vamos a hacer un repaso general a las secciones antes de entrar a la creación del perfil.

Pero antes, tienes que hacer un trabajo previo con el que vamos a sentar las bases, del trabajo posterior que vas a desarrollar.

3.1 Trabajo previo, documentos a preparar

Antes de empezar a trabajar con tu Perfil de LinkedIn, siempre recomiendo hacer un trabajo previo que nos va a ayudar a ir más rápidos y ser más efectivos, es posible que tengas hecho parte o todo el trabajo, mucho mejor. Pero vamos a repasarlo para ver que no nos hemos dejamos nada.

✓ Informe de Vida Laboral

En el caso de España, el Ministerio de la Seguridad Social (Trabajo) permite descargarse un documento oficial donde aparece tu vida laboral, fechas, empresas y puestos de trabajo en los que has estado.

http://ow.ly/zJpq30cJtUa

En tu país seguro que existe algo parecido.

✓ Curriculum Vitae

Una de las cosas que yo siempre he hecho y te recomiendo, es que te crees y mantengas actualizado un CV completo, que vas actualizando con las nuevas tareas que realizas, los proyectos, éxitos conseguidos, etc. Este CV en realidad es para ti, para no olvidarte de las cosas.

Si estás empezando tu carrera profesional, ahora mismo igual no lo ves importante, pero te aseguro que cuando tengas unos años de experiencia, a veces es difícil de acordarse de todo lo que has hecho en cada puesto, en el pasar de los años.

Yo me he creado una carpeta en el ordenador llamada "CV" y dentro guardo el "CV David Martinez Calduch 2017-09", cuando lo modifico en enero del 2018, duplico el documento de Word (ocupa muy poco espacio) y lo renombro "CV David Martinez Calduch 2018-01". Así dispongo de un histórico de los cambios realizados. Mi consejo es que lo hagas con Word o con Evernote, lo que te sea más práctico para ti.

Ahora tienes que comprobar que las fechas de los puestos de trabajo del Informe de Vida Laboral y las del CV sean todas iguales, cuando lo hayas hecho, pasamos al siguiente punto.

✓ Curriculum Vitae para un puesto

Cuando tengas que presentarte a un puesto de trabajo, lo que debes de hacer es crearte un CV concreto para ese puesto de 1 página de tamaño, donde destaques tus puntos fuertes para ese puesto.

Lo harás a partir del CV completo, para hacerlo puedes usar Word, o una plantilla del CV Europeo que tienes en esta URL

https://europass.cedefop.europa.eu/es/documents/curriculum-vitae

O puedes usar la aplicación web www.canva.com gratuita, en sus opciones (versión ordenador) tienes una opción para crear atractivos CV de una sola página. Los diseños ya están creados y solamente tienes que elegir cual quieres, y rellenarlo con tus datos.

A simple new way to design

Capítulo 3: Introducción a LinkedIn

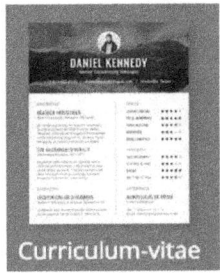

Ahora, con toda esta información recopilada, ya podemos iniciar nuestro proceso de alta y personalización de LinkedIn.

3.2 Alta en LinkedIn paso a paso

Para darnos de alta vamos a seguir el proceso desde el ordenador, si vas a usar una Tablet, te recomiendo que instales el navegador Chrome, al abrirlo en la Tablet e ir a www.linkedin.com, en la parte superior derecha puedes desplegar un menú e indicar que quieres ver la web como en el Escritorio (ordenador).

Nosotros todo el trabajo que vamos a desarrollar, lo vamos a hacer con la cuenta gratuita de LinkedIn, si hay alguna función que es necesaria disponer de la versión de pago, te lo indicaré, pero serán temas muy puntuales.

Si ya te habías dado de alta previamente en LinkedIn, en la parte superior puedes introducir el email y la contraseña con la que te diste de alta.

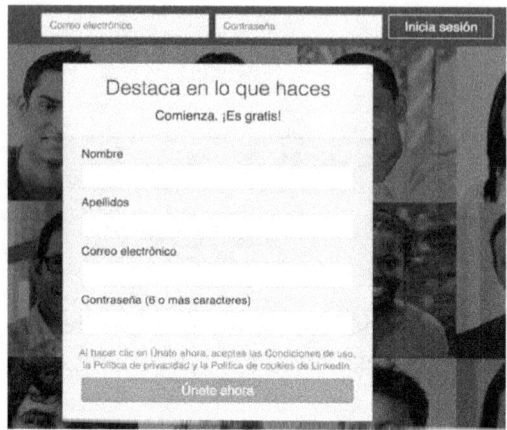

Si no recuerdas la contraseña, puedes pedir que te manden una nueva diciéndole al email con el que te diste de alta, puedes hacerlo en este enlace http://ow.ly/BrLs30cJv5I

Estos son los pasos para darnos de alta:

1. Abrimos el navegador[2] y entramos en www.linkedin.com

---

[2] Te recomiendo Firefox, Opera, Chrome o Safari

Capítulo 3: Introducción a LinkedIn 41

> **Destaca en lo que haces**
> Comienza. ¡Es gratis!
>
> Nombre
>
> Apellidos
>
> Correo electrónico
>
> Contraseña (6 o más caracteres)
>
> Al hacer clic en Únete ahora, aceptas las Condiciones de uso, la Política de privacidad y la Política de cookies de LinkedIn.
>
> Únete ahora

2. Rellena todos los datos de forma correcta, no lo escribas todo en mayúsculas ni todo en minúsculas. El correo electrónico que ahora pongas, si quieres lo puedes cambiar más adelante, por esa parte no te preocupes. Solo te des de alta, LinkedIn te va a mandar un email a ese correo electrónico, para que verifiques que eres el propietario, y si no lo haces, hay partes que no te va a dejar usarlas.

Así que es mejor que pongas un email que puedas leer ahora para hacer clic en el enlace.

Lo que va a hacer ahora LinkedIn es llevarnos a través de un tutorial para ayudarnos a introducir los datos mínimos para empezar a crear nuestra presencia digital.

En el Código Postal pon el que corresponde a la dirección de tu trabajo, no al de tu casa, ya que estamos creando un Perfil Profesional.

Aquí te está preguntado si estás iniciando tu carrera profesional y no tienes experiencia "¿Eres estudiante?", si tienes carrera profesional debes rellenar el puesto actual o el último que has tenido.

Un dato muy importante, es que, si al escribir el nombre de la empresa aparece en el listado, como puedes ver en el ejemplo, debes hacer clic para seleccionarla y vincularte con ella. Esto es un punto muy importante, sino sale, solamente puede crear la empresa el representante legal, en ese caso escribe el nombre, aunque no aparezca en el listado.

Capítulo 3: Introducción a LinkedIn   43

Debajo del nombre de la empresa te preguntará el sector al que perteneces.

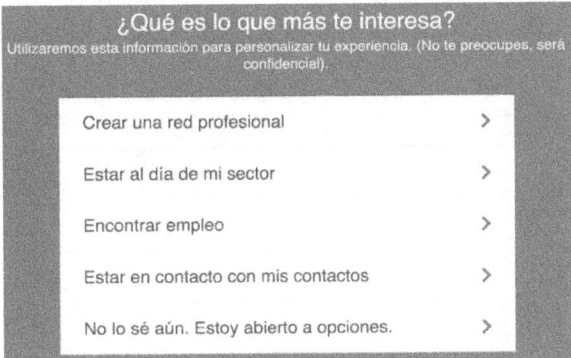

Esta pregunta es una encuesta interna que hacen ellos, para ver qué uso están buscando darle las personas que se dan de alta.

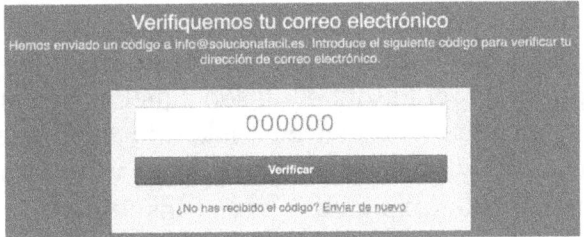

Este ya es el último paso, y tienes que introducir un código numérico que te ha mandado al email con el que te has dado de alta.

Esta es una muestra del email que te va a llegar. Una vez hayas introducido el código ya estás dado de alta en LinkedIn.

En este punto, ahora lo que te va a indicar LinkedIn es que te va a ayudar a buscar a las personas que ya conoces y que están dadas de alta en LinkedIn. No va a invitar a nadie por su cuenta, eso lo decides tú, pero sí que te va a ayudar a localizarlos.

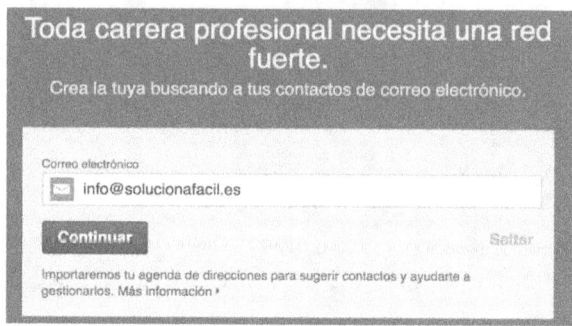

Al pulsar continuar, te pedirá permiso y/o la contraseña para poder buscar tus contactos en LinkedIn (lo hace a través de los emails), en una primera pantalla (Paso 1 de 2), son personas que conoces y que están el LinkedIn, mi consejo es que invites a todos los que quieras. Y el Paso 2 de 2, son aquellas personas que tienes su email, pero que no están en LinkedIn, mi consejo es que no invites a nadie y saltes este paso, sino van a contactar todos contigo para que les expliques que es LinkedIn.

LinkedIn están cambiando y mejorando constantemente, así que es posible que el asistente tenga aún más preguntas, ves contestando aquellas que quieras y las que no, te las puedes saltar.

3.3 LinkedIn en tu Smartphone

Una vez nos hemos dado de alta y hemos verificado nuestro email, ya podemos instalar la Aplicación de LinkedIn en nuestro Smartphone.

Android   iOS

http://ow.ly/jdjZ30eyqbN   http://ow.ly/N7r930eyq6o

Capítulo 3: Introducción a LinkedIn   45

Cuando hayas instalado la App, introduce el email con el que te has registrado y la contraseña. Durante el libro vamos a trabajar con el ordenador y el Smartphone para que sepas usarlo desde los dos lugares.

3.4 Qué es un perfil de LinkedIn

Tu Perfil de LinkedIn es tu presentación, tu presencial digital, donde las personas van a poder saber de ti, de tu carrera, de tus logros, "de que es lo que puedes hacer por ellos".

https://www.linkedin.com/in/davidmcalduch

Es tu tarjeta de visita digital, cuando te reúnes con una persona o vas a una entrevista, es muy difícil, por no decir imposible, explicarle toda tu carrera profesional. En LinkedIn puedes hacerlo y la persona que te visita puede entrar en detalle si lo desea, además de que podemos incluir las recomendaciones de nuestros clientes y ex jefes. Todo esto no te preocupes porque vas a aprender a hacerlo.

3.5 Visión general de LinkedIn

Al entrar en www.linkedin.com verás una pantalla muy parecida a esta, que es el nuevo entorno que ha sido remodelado en el 2017.

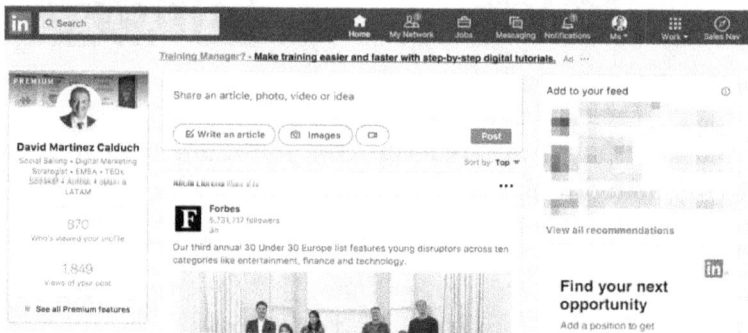

En la parte superior derecha tenemos el menú principal con todas las opciones.

En la parte de la izquierda podemos ver un cajetín donde se ve nuestra foto (una vez la tengas puesta) y una serie de opciones.

Ahora vamos a ir revisando cada una de estas partes para que tengas una visión global de la pantalla.

En la parte de abajo de tu foto, te muestra unas cifras que van cambiando, en este caso me indica que 957 personas han visitado mi perfil en los últimos 90 días, y que tengo una publicación que ha generado 7.429 visualizaciones. Podemos hacer clic en cualquiera de estos dos valores e iremos a la pantalla

Capítulo 3: Introducción a LinkedIn

correspondiente para ver los datos en más detalle. Si haces clic sobre tu foto, vas a ir directamente a tu perfil.

En el centro tenemos este cajetín donde podemos publicar contenido, y que lo vean las personas que son nuestros contactos nivel 1 (aquellos que nos han invitado, o nosotros los hemos invitado y los hemos aceptado), si ellos pulsan me gusta, lo comentan o lo comparten, entonces lo pueden ver sus contactos nivel 1 (que son nuestro nivel 2).

Debajo de este cajetín, salen las publicaciones que están realizando las personas que son nuestros contactos nivel 1, las personas que seguimos (independientemente de su nivel), y las empresas y universidades que seguimos.

En la parte de la derecha, va cambiando la información que aparece, publicidad, contactos que te pueden interesar, etc.

3.6 Menú principal

En la parte superior izquierda tienes el icono de LinkedIn, si lo pulsas vas al inicio.

Al lado nos encontramos con el buscador de personas, empresas, puesto de trabajo, grupos y universidades.

En la versión antigua, al lado del buscador aparecía la palabra "Avanzado" para poder ir a las búsquedas avanzadas, ahora esta opción es la lupa que puedes ver a la izquierda de "Search" y al hacer clic entras en las opciones avanzadas.

En la parte de la derecha tenemos el nuevo menú con todas las opciones.

Habrás observado que los menús de mi LinkedIn están en inglés, mi consejo es que trabajes (en el ordenador) con la versión en inglés, ya que cuando salen nuevas opciones están disponibles inmediatamente en la versión en inglés, y después ya las van traduciendo para el resto de idiomas.

Si quieres ponerlo en inglés tienes que ir a esta dirección (solo lo puedes hacer en el ordenador).

https://www.linkedin.com/psettings/select-language

Tener los menús en inglés no te obliga ni implica el tener que hacer el perfil en inglés, tú harás el perfil en español.

En la barra de menú (de izquierda a derecha) tenemos:

1. Home, es lo mismo que pulsar el icono de LinkedIn, vamos al inicio (al muro).
2. My Network, es tu agenda de contactos, las personas que te han invitado y tú las has aceptado, o que tú has invitado y ellos te han aceptado. Son las personas que ahora son tu nivel 1, y estáis conectados directamente.
3. Jobs, es lo mismo que ir al buscador avanzado y seleccionar Empleos.
4. Messaging, es una potentísima herramienta para gestionar comunicaciones tipo whatsapp a nivel de

Capítulo 3: Introducción a LinkedIn

negocios, sin necesidad de saber el número del smarpthone de la otra persona, ni su email.
5. Notifications, es donde nos avisa de nuevos mensajes, cuando alguien te nombra, etc.
6. Me, es para acceder a tu perfil, a las opciones de configuración y bajo del todo, a las páginas de empresas que gestiones.

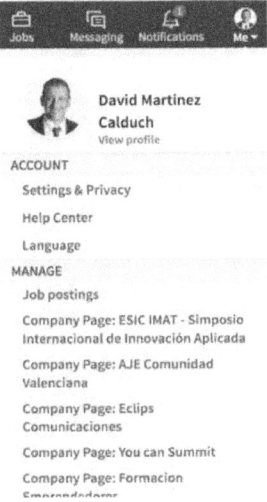

7. Y la última es Work, donde tenemos acceso a más funciones, y la última opción es para crear la página de empresa (úsala solamente si eres el representante legal de la compañía).

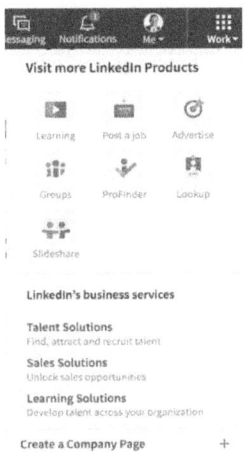

Capítulo 4

Perfil – Imagen de Cabecera

La parte visual de LinkedIn es muy importante, como dice el dicho, más vale una imagen que mil palabras.

La Imagen de Cabecera verás. que bien usada, te puede ayudar a crear una imagen más profesional, y que te ayude en el mensaje que quieres transmitir.

4.1 Estructura del Perfil de LinkedIn

Ahora vamos a ver la nueva estructura del Perfil de LinkedIn, empieza por una ficha de información de contacto (esta ficha ya existía en la versión anterior de LinkedIn), y a continuación hay una zona de notificaciones. Debajo podemos ver las publicaciones de esa persona.

A continuación, tenemos la Experiencia, donde aparecen los puestos de trabajo (con la nueva versión, solo se ven los últimos 5 puestos).

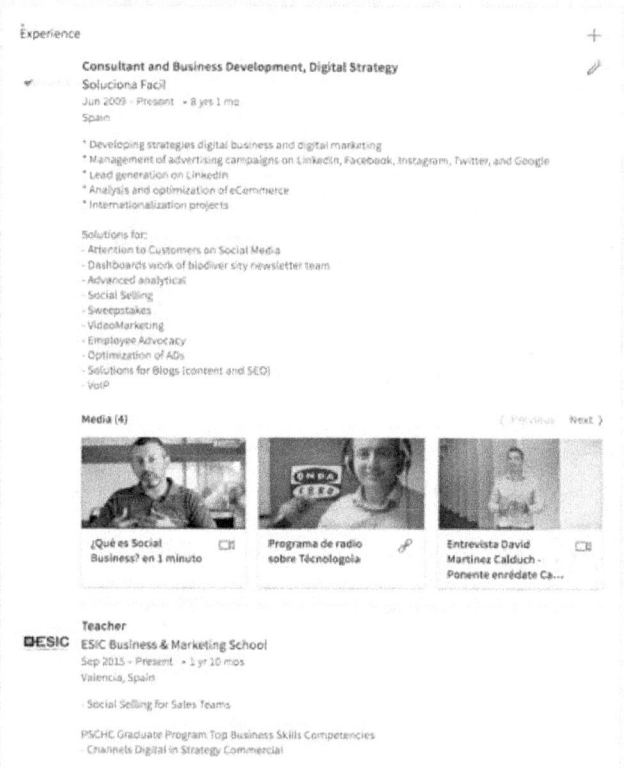

La siguiente sección es la Educación.

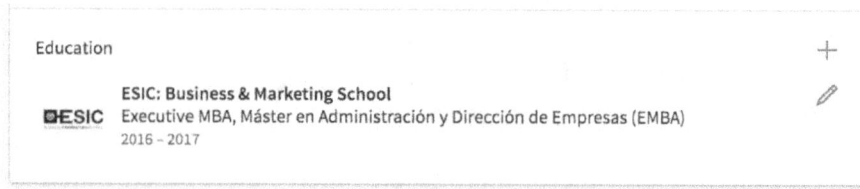

Capítulo 4: Perfil de LinkedIn 53

Le sigue Aptitudes y Validaciones, en una versión comprimida.

![Featured Skills & Endorsements section showing Social Selling 25, Digital Strategy 29, Business Strategy 60]

Y Recomendaciones que es una sección muy importante.

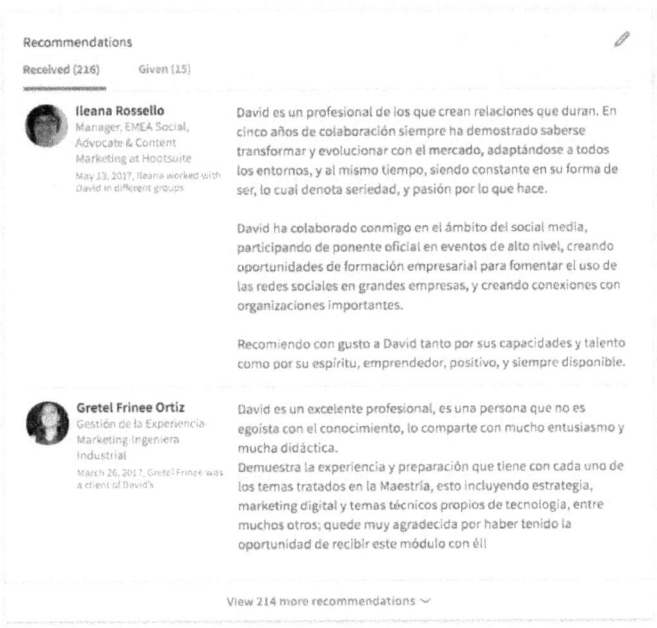

Y todo el resto de secciones, están juntas en un único bloque, donde están todas comprimidas.

Antes, estas secciones estaban sueltas y, además nos permitían moverlas de orden y personalizar mucho más la estructura del Perfil.

Y en la parte superior derecha, si hacemos clic en "Contact and Personal Info" / "Información de Contacto" se despliega esta pantalla.

Capítulo 4: Perfil de LinkedIn

Como vas a ver ahora, en el Smartphone LinkedIn ha hecho que se vea igual, siguiendo la misma estructura.

Puntos que destacar:

- Se unifica la estructura de todos los perfiles para que sean más fáciles de leer.
- Se simplifican contenidos (extracto reducido, puesto antiguos ocultos, etc.) para centrarnos en lo más actual al visitar un perfil.
- Parte superior con publicaciones e indicadores, para poder ver rápidamente que tipo de contenidos publica esta persona.

En definitiva, se ha buscado que sea más fácil de leer y revisar los perfiles a un golpe de vista, y si nos interesa, vayamos desplegando las secciones para entrar en más detalle.

Ahora vamos a empezar a trabajar cada una de las partes del Perfil de LinkedIn, viendo qué debemos hacer, posibilidades que nos ofrece y qué enfoque le podemos dar, dependiendo de lo que quieras conseguir.

4.2 La imagen de cabecera

La primera parte de nuestro perfil, es una imagen de cabecera que podemos incluir. Esta imagen se verá en el ordenador, que es la que tienes arriba, y también en el Smartphone, como puedes ver en la imagen de abajo

Te pongo otra de las imágenes de cabecera que yo he usado.

Capítulo 4: Perfil de LinkedIn

 El tamaño de la imagen debe de ser de 1584x396px, puede ser JPG o PNG.

 El objetivo, es para dar un aspecto más agradable a nuestro perfil, incluir un mensaje que nos interese difundir, dar una imagen de marca, etc.

 Puedes poner un paisaje, una vista aérea de tu ciudad, las vistas de tus oficinas, una panorámica de tus instalaciones, un color de fondo con el slogan de tu empresa, una foto con tu equipo, etc. Sobre todo, que te sientas cómodo con la imagen y no te perjudique profesionalmente.

 Una de las opciones, es buscar una imagen que te guste y ponerla, aquí tienes unas webs donde buscarlas.

https://linkedinbackground.com

En el menú de arriba de la web puedes seleccionar la categoría de las fotos que quieres ver.

Aquí tienes otra web también organizada por categorías.

http://freelinkedinbackgrounds.com

Y la última con más imágenes.

http://ow.ly/TORw30cKh98

4.3 Creando nuestra imagen de cabecera personalizada

Para crear nuestra imagen personalizada podemos usar www.canva.com (desde el ordenador) que tiene una creatividad preparada para LinkedIn.

Capítulo 4: Perfil de LinkedIn   59

Al hacer clic, se abre una ventana nueva y en la parte de la izquierda nos salen muchos diseños ya creados, donde solamente tenemos que seleccionar el que más nos guste, cambiar la foto y poner nuestro texto, y ya lo tenemos hecho.

Al tener ya el diseño creado, solamente tienes que ver cuál es el que se adapta más a tu idea, y a partir de ahí intentar hacer la menor cantidad de cambios posibles, sino es que eres un diseñador.

Una vez acabado, pulsamos el botón azul descargar, y podemos seleccionar si lo queremos en JPG o en PNG, lo descargamos en nuestro ordenador y ya lo podemos poner en nuestro Perfil de LinkedIn.

Yo no te recomiendo que dejes la imagen que poner por defecto LinkedIn, es una buena idea personalizarlo.

4.4 Estrategias Corporativas de la imagen de cabecera

Esta imagen, bien usada, puede ser parte de nuestra estrategia corporativa.

 Si quieres dar una imagen más de equipo, y no me refiero a futbol ;-), puedes pedirla a tu Departamento de Marketing y que todo tu equipo usen la misma.

Imaginemos que somos una empresa de selección de personal, podríamos hacer una imagen de color del logo de nuestra empresa, y poner un texto en el centro "ESTAMOS CONTRATANDO", o el slogan de la compañía.

Es una zona donde podemos incluir el mensaje que queramos que se oiga, los productos que vendemos, las soluciones que llevamos, etc.

Capítulo 5

Perfil – Ficha de contacto

Esta zona es muy importante, porque cuando una persona venga a visitar nuestro perfil, es lo primero que va a ver, en bastantes casos, puede ser lo único que revisen.

En esta ficha resumida, aparecen datos que ahora vamos a introducir, y otros que son el resumen de otras partes del perfil, para verlos rápidamente, sin la necesidad de repasar todo el perfil.

Esta ficha también ha sufrido grandes cambios en su forma uso, y en la forma que hay que enfocarla, ahora verás que ya no sirve el planteamiento antiguo debido a esta remodelación.

5.1 Qué es y cuál es su objetivo

Aquí podemos ver como se ve nuestra ficha en un Smartphone.

Vemos la imagen de cabecera, nuestra foto, nombre y apellidos y el título profesional.

En la línea de abajo, vemos nuestros últimos estudios, nuestra ubicación, y la cantidad de contactos que tenemos.

Y para acabar un par de líneas muy cortas explicando a que nos dedicamos.

Gracias a esta ficha, podemos saber la situación de una persona rápidamente, a que se dedica, donde trabaja, etc. y ya decidimos si vamos más hacia abajo del perfil para seguir investigando.

Por lo tanto, es muy importante esta sección, porque es la que nos va a permitir, poder llegar e interactuar con las personas que nos interesa.

5.2 La foto del perfil, todo lo que hay que tener en cuenta

El límite de gestión de personas en nuestro cerebro que podemos manejar es de 150.

- Según ha calculado Robin Dunbar, profesor de antropología evolutiva de la Universidad de Oxford.[3]

Cuando entramos en el mundo digital, la barrera de la cantidad de personas que conocemos desaparece, y nuestra agenda se multiplica.

En estos momentos mi agenda de contactos nivel 1 en LinkedIn es de 10 mil contactos, el límite está en 30.000.

---

[3] Fuente: Forbes 30-ene-2016
https://www.forbes.com/sites/amitchowdhry/2016/01/30/most-facebook-friends-are-not-your-real-friends-says-study

Como puedes imaginarte, si nos guiamos por el estudio del Profesor Robin Dunbar, es una cantidad que no es posible gestionar por nuestro cerebro, y realmente te puedo confirmar que es así.

Entonces ¿cómo soy capaz de localizar una persona entre esta extensa agenda? Por la foto. Nuestro cerebro funciona por imágenes, somos capaces de recordar la cara, y a partir de ahí ponernos a buscar a esa persona y la localizarla, aunque no nos acordemos de su nombre.

Poner tu foto en el perfil aumenta x21 las visitas a tu perfil.

– Linkedin

Así que no cabe duda que el poner una buena foto es muy importante.

5.2.1 Características de la foto, errores y consejos

Cualquier acción que quieras hacer, buscar empleo, conseguir clientes, etc. al hacerla, la otra personal verá un muñequito gris (si no has puesto tu foto), o a ti en una foto ¿cuál crees que le dará más confianza?

 El tamaño de la imagen debe de ser de 400x400px, puede ser JPG, PNG y GIF. El tamaño máximo es de 8MB.

Capítulo 5: Perfil – Ficha de contacto

 El objetivo es que se nos reconozca claramente, y si quedamos presencialmente, que sepa que somos nosotros al primer golpe de vista.

 Puedes hacerte la foto con un fondo un poco borroso, un paisaje, en tus oficinas, con el logo de tu empresa detrás, en tu despacho, etc.

 Normativa de LinkedIn

- Según la normativa de LinkedIn, lo único que te exigen es que se te reconozca en la foto

- Esto quiere decir que no puedes poner una foto con el logo de la empresa donde tú no apareces

LinkedIn indica que no debería aparecer en la foto[4]:

- Logotipos de empresas

- Paisajes

- Animales

- Palabras o frases

- Que la foto no se asemeje a ti

- Que no sea un primer plano

Errores habituales

---

[4] Normas que usa LinkedIn para tomar la decisión de eliminar la foto de un perfil.

- Poner una foto de la boda, da igual que seas el invitado, se nota.
- Poner una foto del DNI o del pasaporte, -0 sin cometarios.
- Poner una foto antigua, de hace 10 años o más, ¿no habíamos quedado que queríamos que nos reconocieran?
- Hacer la foto desde el Smartphone y subirla directamente a LinkedIn, ¿qué resolución tiene la cámara de tu Smartphone? Lo más normal es que cuando las personas vean tu foto, pueda hacer zoom y contarte las pestañas.

Mis consejos para la foto:

- Según tu sector y tu puesto de trabajo, existirá un protocolo de vestimenta, busca perfiles como el tuyo para ver qué es lo que se usa en tu sector.
- Búscate un buen fotógrafo profesional y coméntale que la foto es para tu perfil de LinkedIn, déjate asesorar y hazte una sesión fotográfica (mi última sesión fue de casi 2 horas), al final de la sesión es cuando te sueltas y salen las mejores fotos.
- Si estás implantando LinkedIn en tu equipo, organiza uno o varios días con el fotógrafo y que les haga fotos a todos.
- No escatimes, es la primera barrera para llegar a tus objetivos.
- Pídele al fotógrafo que te deje elegir varias fotos y que te las mande en alta calidad.
- La foto que vayas a usar en el Perfil de LinkedIn, duplícala y cámbiale la resolución a 400x400px
- En el nombre del fichero de la foto pon tu nombre y apellidos.
- Ya puedes subir la foto a tu perfil.
- Yo suelo cambiar la foto cada año y medio o dos años, para que se me reconozca exactamente como soy ahora.

Capítulo 5: Perfil – Ficha de contacto 67

Te pongo unas fotos para que veas las que me hicieron en la última sesión.

En mi caso, la imagen de la izquierda la recortó la fotógrafa y fue la que me dio para poner en mi perfil de LinkedIn, la foto de en medio, la usé para la imagen de cabecera anterior y en mi web www.davidmcalduch.com y la última aún está por usar.

Problemas y soluciones: Si no puedes subir la foto

- El tamaño máximo de la foto es de 20.000x20.000px
- Mira que el nombre del fichero no sea muy largo y que no contenga caracteres especiales (acentos, ñ, ç, puntos, guiones, etc.)
- Si trabajas con una pantalla de ordenador con poca resolución hay botones como "Guardar" que no se ven al subir la foto (cambia la resolución de la pantalla en Windows http://ow.ly/LVbl30cKxrX).

- Pruébalo con otro navegador y comprueba que tienes la última versión del navegador.
- ¿Continúan los problemas? Reinicia el ordenador.

5.2.2 Consejos de LinkedIn para la foto

Vamos a ver cuáles son los consejos oficiales de LinkedIn a la hora de hacerte la foto[5]:

- Se consciente de lo que te rodea
    o Un fondo homogéneo detrás de ti puede ser una buena idea, en lugar de tener muchos objetos detrás de ti (cuadros, cajas, etc.) que pueden hacer perder el foco principal, que eres tú.
- Usa luz natural
    o Si no eres un profesional de la fotografía y tienes el material necesario, es mejor que uses la luz natural, en lugar de usar el flash. La luz natural te iluminará bien la cara y no te hará sombras. Pero que la luz no te dé directamente.
- Usa la cámara correcta
    o Puedes usar una DSLR o un Smartphone, si es el segundo caso procura que sea un modelo actual. Procura usar un trípode y usa la cámara principal del Smartphone, ya que

---

[5] Fuente: LinkedIn, como hacer un selfie profesional

- es más potente y la que te dará mayor calidad.
- Piensa en el ángulo
  - Coge la cámara o Smartphone y súbela hacia arriba, con este ángulo enfatizarás tus ojos, y harás que tu cabeza y cuello parezcan más pequeños. Si buscas el efecto contrario, entonces debes de bajarla para hacer la foto.
- Piensa en cómo estás vestido
  - Lo importante eres tú, y no te interesa que la ropa que llevas capte más interés que tú. Vístete adecuadamente y de una forma profesional.
- No te centres a ti mismo
  - Dentro de la foto, tus ojos deben de estar a un tercio de camino desde abajo hacia arriba y a un lado.
- Se tú mismo, no seas un cliché
  - No hagas muecas, gestos o posturas que hayas visto. Es mejor dar una sensación de naturalidad.

5.2.3 El nuevo editor de fotos

LinkedIn ha lanzado tanto para el ordenador como para el Smartphone, un nuevo y potente editor de fotos, con el que podemos recortar la imagen, y hacerle efectos.

Cuando estés en tu perfil y hagas clic en la foto aparecerá el editor de fotos.

También puedes entrar en esta dirección para ir al editor de fotos.

https://www.linkedin.com/profile/edit-picture-info

Y llegarás a una pantalla como esta.

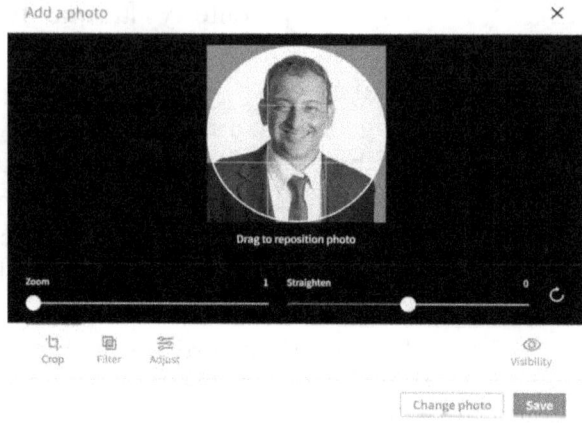

Tenemos tres opciones para retocar la fotografía.

1) Crop, es la opción que está ahora activa y nos permite hacer Zoom para ampliarla y Straighten para girarla.

2) Filter, nos muestra estas opciones, para aplicarle efectos.

3) Adjust, nos muestra estas opciones.

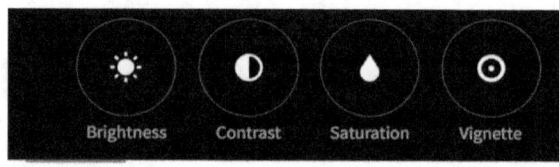

Debajo del todo a mano derecha, tenemos "Visibility" Visibilidad, que es donde podemos establecer quien queremos que pueda ver nuestra foto.

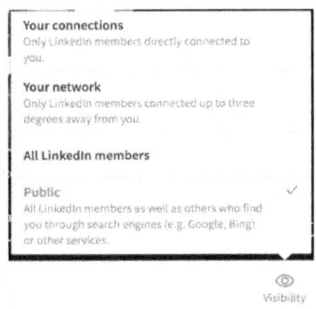

Las opciones son: Sólo tus contactos nivel 1; tu red de contactos de nivel 1, 2 y tres; todos los miembros de LinkedIn; y la última que es la que yo tengo activada, que es todos, incluidas las personas de fuera de LinkedIn.

Debajo tienes el botón para cambiar la foto, y cargarla desde tu ordenador y guardar todos los cambios.

5.2.4 El nuevo editor de fotos en el Smartphone

Este nuevo editor de fotos, también ha sido incorporado a las App de Android e iOS. Abre la App de LinkedIn, pulsa sobre tu foto que aparece en la parte superior derecha para ir a ver tu perfil.

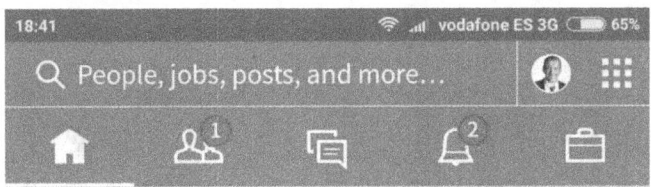

Al entrar en tu perfil haces clic en tu foto que aparece en el centro.

En la parte superior puedes configurar la visibilidad, en la parte posterior están los botones para modificarla.

Si hacemos clic en el lápiz de abajo a izquierda, entramos en esta pantalla con las opciones "Crop", "Filter" y "Adjust".

Y si haces clic en el icono de la cámara de foto, puedes hacer una foto nueva con tu Smartphone o cagar una de la galería.

5.3 El Título profesional con SEO

Ahora lo que vamos a hacer, es pulsar en el lápiz azul que puedes ver en la parte superior derecha, y nos aparecerá esta pantalla.

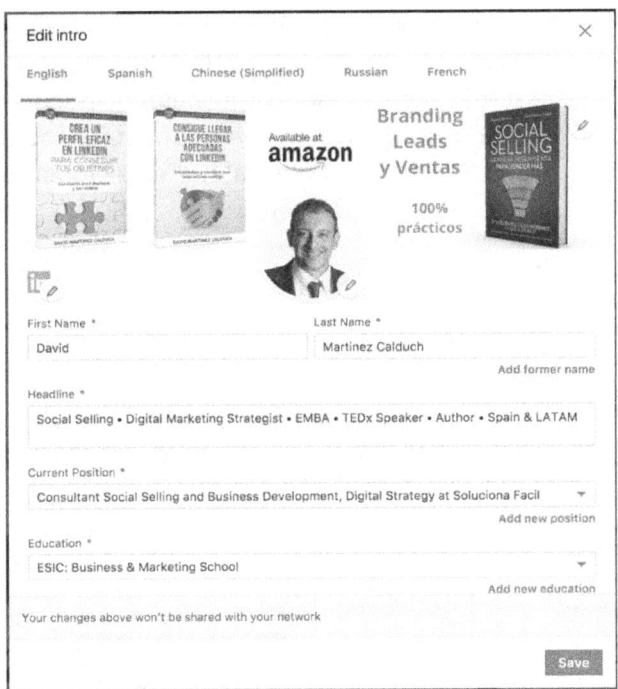

Aquí puedes rectificar los datos, si tienes algún error en el nombre y en los apellidos.

El campo que va a continuación es el "Headline" o "Título Profesional".

Desde un punto de vista sencillo, lo que ponga en tu contrato de trabajo y/o lo que tengas puesto en tus tarjetas de visitas, es lo que deberías de poner en tu "Título Profesional".

Pero no siempre es así, ni tampoco tiene porque serlo, vamos a ver algunos ejemplos:

- Imaginemos que has estudiado Económicas y ahora has encontrado un trabajo de Administrativo ¿qué ponemos? ¿Lo que estás haciendo ahora o lo que has estudiado? Yo pondría "Economista" porque esa es tu profesión, si es a lo que te quieres dedicar.
- Pensemos en una persona que trabaja en RRHH, supongamos que tiene el puesto de "Reclutador" y que se encarga de perfiles TIC, podríamos poner "Reclutador Perfiles TIC" "Reclutador sector TIC" o algo parecido, otra opción puede ser si tiene puestos abiertos, podría añadir "Reclutador sector TIC – Estamos contratando" o "tenemos posiciones abiertas Contáctame"

Errores a evitar:

- Eres un Freelance y te pones "VP" o "CEO", te va a perjudicar por varias razones, primero porque no se ajusta a la realidad, CEO en español es "Consejero Delegado" y aquí tienes lo que significa https://es.wikipedia.org/wiki/Director_ejecutivo

Capítulo 5: Perfil – Ficha de contacto 75

y Manager es Gerente. Si pones "VP" o "Vicepresidente" LinkedIn va a intentar ayudarte a conocer personas de tu mismo ámbito y nivel profesional, cosa que es falso, y por lo tanto pierdes la potencia de LinkedIn.

Debes de tener en cuenta, que cuando las personas realizan búsquedas dentro de LinkedIn, si la palabra que buscan, está en tu título profesional, tienes más posibilidades de aparecer en los primeros resultados de las búsquedas, siempre teniendo en cuenta el volumen de visitas que tienes tú y las demás personas que aparecen en los resultados, y otros factores de SEO que analiza LinkedIn.

Por supuesto, solo pondremos aquella palabra o palabras que realmente tienen que ver con nuestra carrera profesional y de las cuales tenemos experiencia y conocimientos.

Debes de ser consciente de la gran importancia que tiene el "Título profesional", ya que es lo primero que van a ver las personas, el que esté bien diseñado, que sea claro y directo, que lleve la palabra clave que te interesa, y que incluso lleve una Llamada a la acción CTA[6].

Cuando publicamos un contenido, tanto un artículo, como nuestro estado, solamente se ve nuestra foto, nombre y apellidos, y el "Título profesional".

---

[6] Wikipedia CTA Call to Action – Llamada a la acción
https://en.wikipedia.org/wiki/Call_to_action_(marketing)

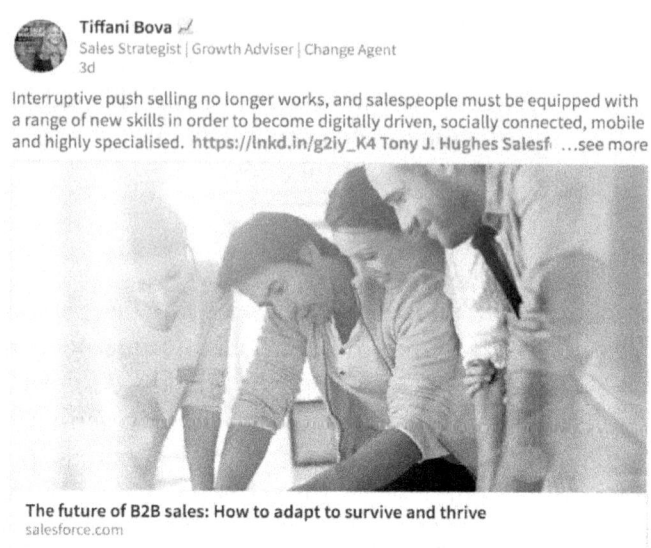

Aquí podemos ver una publicación de Tiffani Bova, y vemos su foto, nombre y apellidos (en su caso, ha incluido un icono), y en la línea de abajo tenemos su "Título profesional".

En esta publicación que ha hecho Guy Kawasaki, vemos su foto, su nombre y apellido (el icono azul lo pone LinkedIn porque es un influencer), y en la línea de abajo su "Título profesional".

En los dos casos, si no hacemos clic en su foto o en el nombre, para ir a ver su perfil profesional, no vamos a saber nada más de ellos, de lo que hacen, a que se dedican, etc. De ahí la importancia de un buen Título.

5.4 Puesto actual y Estudios

Current Position
Consultant and Business Development, Digital Strategy at Soluciona Facil
Add new position

Education
ESIC: Business & Marketing School
Add new education

En este apartado no toques nada, porque esta información viene de las secciones de abajo y veremos cómo ponerlo todo al día. Una vez tengamos las secciones completadas puedes venir aquí para seleccionar que es lo que quieres que se vea.

5.5 El beneficio de la ubicación y el sector

> *Incluir tu localización ayuda a tu perfil a aparecer x23 veces más en las búsquedas.*
> *- LinkedIn*

La Ubicación e Industria son muy importantes, porque estos datos los usa LinkedIn para presentarnos contactos relacionados con nuestro sector y nuestro título profesional, la ubicación nos puede venir bien cuando hagamos búsquedas de empleo, porque podemos indicar a cuantos Km de nuestra distancia estamos interesados en buscar las ofertas de trabajo.

Country: Spain
ZIP code: 46001
Locations within this area: Valencia Area, Spain
Industry *: Online Media

5.6 El Extracto

> I help my clients to sell more • Global vision of the company: Business - Sales - Marketing - ICT • Social Selling - sales B2B C Level • B2C and B2B customers are digital. When would you like us to start digitizing your business? Org...
>
> See more ⌄

Justo al final de esta ficha, aparece el Extracto, una de las partes más importantes. Esta sección también ha sido una de las que ha tenido grandes cambios.

Lo primero que podemos ver, es a diferencia de la versión anterior del Perfil de LinkedIn en la que se veía todo el extracto completo, ahora solo se muestran las dos primeras líneas del extracto.

Aquí puedes ver que esto también ocurre en el Smartphone, donde aún se recorta más.

> **David Martinez Calduch**
> Social Selling • Digital Marketing Strategist
> ESIC: Business & Marketing School
> Valencia Area, Spain • 500+
>
> I help my clients to sell more • Global vision of the company: Business - Sales...

Si la persona que nos visita hace clic en "See more" en el ordenador, o en los tres puntitos azules en el Smartphone (¿se darán cuenta las personas que pueden hacer clic ahí?), entonces se despliega todo el extracto y pueden ver el resto del contenido, como verás en la imagen a continuación.

Capítulo 5: Perfil – Ficha de contacto

Como puedes ver, se puede hacer mucho más extenso el texto e incluso incluir contenidos multimedia.

Ahora que has visto el ejemplo de mi extracto, vamos a ver qué no es un extracto, qué es un extracto, cómo plantearlo y cómo construir uno basado en tus objetivos.

Tengo que ser sincero, esta parte del Perfil puede ser la que más tiempo necesites dedicarle, por su importancia y por la dificultad de ser capaces de sintetizar el mensaje que queremos que perciba la persona que nos visita.

Con un resumen de por lo menos 40 palabras es más probable que aparezcas en las búsquedas. Asegúrate de añadir un poco de tu personalidad, casi el 87% de los reclutadores lo van a buscar.

- LinkedIn

5.6.1 Qué no es un Extracto

A la hora de poner ejemplos, yo siempre me voy a los extremos, exagerando un poco, porque es la mejor forma de ver rápidamente las diferencias y lo que quiero mostrarte.

Que no es un Extracto:

- No se trata de quien eres tú "Hola, soy Marta, nacida en Barcelona, tengo 37 años, etc."
- No se trata de qué vendes "Hola vendo maquinaria industrial del tipo xxxx".
- No se trata de lo que a ti te gusta "Me gusta hacer yoga y comer sano".
- No se trata de lo que tú quieres "Quiero llegar a un volumen de negocio X y abrir el mercado Y".
- No se trata de qué buscas "Estoy interesado en empresas del sector XX".

Podríamos decir, que lo que a ti te interesa, como dice la frase, te interesa a ti, pero esto no va de ti ;-) porque lo que queremos es crear interés en la persona que nos está visitando el perfil.

5.6.2 ¿Qué es un Extracto?

Ahora tenemos que cambiar el enfoque de nosotros, hacia la otra persona, y ahí radica en el éxito del Extracto.

Te lo voy a poner breve y claro, personalmente me da igual que productos y servicios lleves, me da igual a que te dedicas, lo UNICO que me interesa es.

¿Qué puedes hacer por mí?

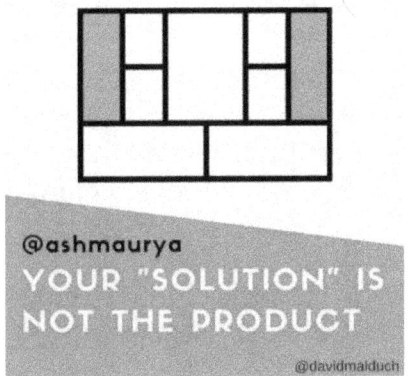

El resto es todo texto que no aporta valor, se trata de pasar de un Extracto pensando en ti y que quieres, a un Extracto pensado en cómo puedo ayudar, en qué somos capaces de hacer por los demás, qué solucionamos.

Por supuesto, ni cabe decirlo, basado en la absoluta verdad.

En la parte del extracto largo sí que puedes explicar más sobre ti, cualidades, habilidades, etc.

5.6.3 Cómo planificar y gestionar nuestro Extracto

Como puedes ver, la creación del extracto no va a ser algo que hagas ahora en 5 minutos y se quede ya para siempre inamovible, sino que lo vas a ir evolucionando.

Si estás pensando en, voy a hacer uno ya definitivo y cuando lo tenga, lo pondré, grave error. Estarás meses o años sin extracto, y lo peor, perdiendo oportunidades.

Ten más la mentalidad de la naturaleza, vamos a plantar una semilla, vamos a hacer nuestra versión 1 del extracto, que va a ir creciendo, mejorando en calidad y efectividad, pero eso nos lo dará el trabajo hecho durante tiempo. Así es como crecen las plantas.

Ya que vamos a ir modificando el extracto, cada vez que lo cambies, LinkedIn solo guarda la última versión. Para llevar un registro histórico de todos los cambios que hemos hecho, y tener guardadas todas las versiones que hemos escrito, por si más adelante queremos recuperar alguna frase que escribimos. Puedes crearte un documento de Word y dentro ir guardándote cada versión del Extracto que hagas.

En mi caso yo prefiero usar Evernote (es gratis), si no lo tienes, puedes darte de alta desde aquí http://ow.ly/3x4J30cNwJB

Dentro de Evernote me he creado una Nota llama "Extracto LinkedIn Español", y dentro sigo la siguiente estructura:

Título Nota: Extracto LinkedIn Español

Contenido:

2018-03-02

Texto, texto.

2017-06-01

Texto, texto.

2016-05-12

Texto, texto.

En el título, como verás, pongo escrito el nombre idioma, es porque más adelante veremos cómo hacer el perfil en otros idiomas.

Si en el 2018 creo una versión nueva del perfil, arriba del "2017-06-01" creo una nueva línea, ejemplo "2018-03-02" y debajo pongo el nuevo texto, yo siempre me pongo la versión más actual arriba del todo, así al entrar, ya veo cual es la última versión, y no tengo que bajar hasta el final.

El formato que uso en las fechas es AAAA-MM-DD (año, mes y día). Aquí te muestro como lo hago yo, ahora tienes que adaptarlo a tu forma de trabajo.

5.6.4 Diseñando nuestro Extracto

5.6.4.1 Técnicas para diseñarlo

Como ayuda para afrontar la creación de tu Extracto y la mejora del mismo, tanto si aún no lo tienes, como en el caso de que ya tengas uno, vamos a recurrir a la técnica de Elevator pitch[7], que te voy a explicar ahora.

Este ejercicio trata de crear un mensaje claro, sencillo y directo, donde seas capaz de una forma tranquila y pausa, de

---

[7] Wiki https://es.wikipedia.org/wiki/Elevator_pitch

explicar lo que realmente te interesa, y hacerlo en unos 60 segundos.

El ejercicio, es que te encuentras con la persona que deseabas poder contactar (futuro cliente, reclutador, etc.), te lo encuentras al entrar al ascensor, y entráis los dos solos, él pulsa la planta 6, y tienes ese tiempo para hablar con él, y sobre todo crearle interés.

A continuación, te pongo un vídeo creado por eduCaixa para jóvenes emprendedores, para que sepan vender su proyecto, te recomiendo que lo veas para que te vayas familiarizando con esta técnica.

https://www.youtube.com/watch?v=2b3xG_YjgvI

Otro que también puedes ver, es un fragmento de la película "En busca de la felicidad" donde Will Smith hace su Elevator pitch, lo puedes ver aquí.

https://www.youtube.com/watch?v=4EC3mvmf9fc

Como extra, te pongo una entrevista realizada al hombre que inspiró a la película "En busca de la felicidad" donde habla sobre el "secreto del éxito".

https://www.youtube.com/watch?v=YOfZcQfxj8o

5.6.4.2 Pasos para crear nuestro extracto:

1. **¿A qué publico te diriges?**

    Aquí no sirve eso de "todo", o a todos. No podemos crear un mensaje que le sirva a todo el mundo, jóvenes, mayores, hombres, mujeres, desempleados, profesionales, directivos, empresarios, etc.

    A más concreción seremos más efectivos.

    ¿Quién es el usuario de tu producto/servicio? ¿Qué problema o necesidad les vamos a satisfacer? ¿Cómo lo vamos a hacer?

    ¿Cuán sangrante es ese problema? A más sangrante (estamos en el desierto y somos los únicos con una máquina de venta de agua), la venta será más fácil.

2. **Sobre ti, como aportas valor, generar confianza.**

    Quién eres y cuál es tu experiencia.

    ¿Por qué eres capaz de conseguir el éxito (solución) que estas explicando? ¿Ya lo has conseguido? ¿Puedes explicarme casos de éxito?

    Demuéstrame que me puedo fiar de ti.

3. **Por qué te deben seleccionar a ti.**

    ¿En qué te diferencias del resto? ¿Porque debes ser tú la persona con la que deben contactar?

Sobre todo, no puede ser una lista de la compra, tiene que ser un texto con naturalidad y fácil de leer.

5.6.4.3 Longitud del texto

Menos, es más

Como tenemos la posibilidad de hacer un extracto largo y después crear las dos líneas de arriba, empezaremos por crear el largo, que siempre te resultará más fácil. Y una vez lo tengamos, haremos la síntesis en las dos líneas de arriba del todo. Para crear este texto, sigue los puntos que acabamos de ver, piensa desde el punto de vista del cliente, que entienda exactamente que puedes hacer por él, qué valor aportas.

Si tu situación es la de búsqueda de empleo, no se trata de que has estudiado y que sabes hacer en general, sino, que vas a hacer por la empresa si te contrata, que es lo que eres capaz de hacer, y sobre todo que puedes demostrar que has sido capaz de hacer, que responsabilidades has asumido / tenido, ¿has tenido personas a tu cargo? ¿Has gestionado equipos? ¿Has liderado proyectos? ¿Qué iniciativas has liderado? ¿Qué mejoras has hecho en tu puesto de trabajo / empresa? ¿En qué eres reamente experto? ¿Podemos poner ejemplos (no hace falta nombrar al cliente) de casos con cifras? Volumen de ventas x, crecimiento de x%. Siempre que todo esto lo podamos demostrar, recuerda sintetizar.

El introducir técnicas como Storytelling[8] también es una buena idea, pero esto, es cuando tengas hecho el extracto y quieras hacer uno más avanzado y potente. En el texto largo, ¿me interesa indicar de que marcas eres/has sido representante / distribuidor? ¿Quieres que se te localice por algunas técnicas / especialidades que conoces o realizas? Esto lo puedes poner dentro de textos al final del extracto, para que también participe en las búsquedas, y así aparecer en los resultados.

---

[8] Español https://es.wikipedia.org/wiki/Narración_de_historias

Capítulo 5: Perfil – Ficha de contacto

5.6.4.4 Escribiendo el texto

Para escribir nuestro extracto vamos a nuestro perfil de LinkedIn, y en la parte superior derecha tenemos un lápiz y hacemos clic.

Al hacer clic en el lápiz, nos aparecerá esta pantalla, y si vamos al final tendremos el campo Extracto, en mi caso pone "Summary".

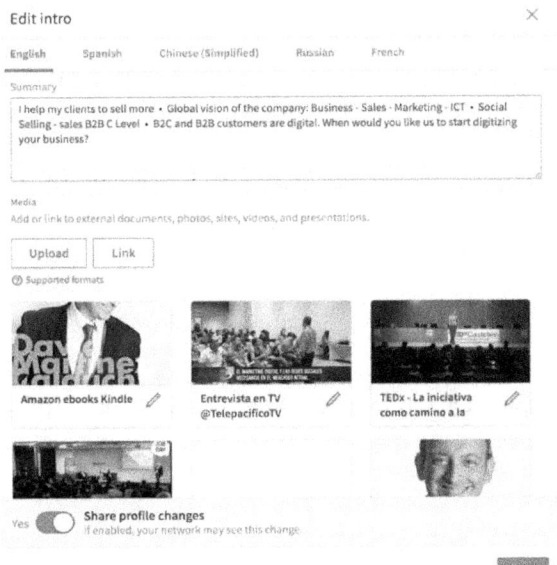

En ese campo es donde tienes que escribir el Extracto, una vez lo tengas, pulsamos guardar y verás cómo se ven las dos líneas donde él recorta, tendrás que revisarlo en el Smartphone, porque recorta de forma diferente. Así que abre la aplicación de LinkedIn en tu Smartphone para comprobarlo.

Si te resulta demasiado pequeño el tamaño del campo para escribir, puedes ampliarlo haciendo clic y arrastrar a la esquina inferior derecha.

> I help my clients to sell more • Global vision of the company: Business - Sales - Marketing - ICT • Social Selling • sales B2B C Level • B2C and B2B customers are digital. When would you like us to start digitizing your business?

El tamaño máximo son 2000 caracteres.

Yo personalmente no te recomiendo que te pongas a escribir directamente en este campo, yo lo haría en Word o Evernote, y cuando lo tengas, le haces un copiar y pegar aquí.

Como habrás visto, en la imagen de la página anterior, como tengo el perfil en varios idiomas, arriba me salen los idiomas, para escribir el extracto en cada uno de ellos.

> Edit intro
> English   Spanish   Chinese (Simplified)   Russian   French

Más adelante veremos cómo crear el perfil en varios idiomas, pero para llegar a ese momento, primero tienes que hacer muy bien el perfil que estamos trabajando ahora.

No tengas prisa por pasar al siguiente punto del libro, para un poco ahora y trabaja el Extracto, esto es una pieza fundamental de tu perfil y de la efectividad que vas a conseguir en las acciones que realices después en LinkedIn.

Capítulo 5: Perfil – Ficha de contacto

5.6.5 Contenido Multimedia

5.6.5.1 Funcionamiento

Una de las capacidades que ya teníamos en la versión del perfil anterior, y ahora también en esta versión nueva, es la de poder poner material multimedia dentro de nuestro extracto. Este contenido aparece al final de todo el extracto.

Los cambios en esta nueva versión son 2, en la versión anterior aparecía el contenido como una galería, unos debajo de otros, y ahora, puedes ver que solamente se ven 3, y en la parte superior derecha tenemos unas flechas para ver el resto. Y la otra es que, en la versión anterior, se veía por defecto todos los contenidos multimedia al entrar en el Perfil, y en el caso que nos ocupa, si no se pulsa el botón "Ver más", no se puede llegar a nada de ese contenido multimedia.

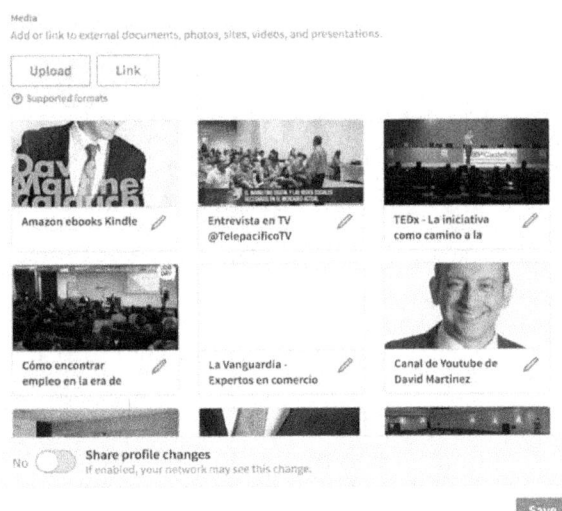

Justo debajo del Extracto es donde tenemos los botones para añadir nuestro contenido multimedia.

Media
Add or link to external documents, photos, sites, videos, and presentations.

Upload   Link

 Puedes vincular cualquier contenido por una URL (botón Link), o subir el contenido directamente a LinkedIn. Los formatos soportados son:

- Presentaciones: .pdf, .ppt, .pps, .pptx, .ppsx, .pot, .potx, .odp

- Documentos: .pdf, .doc, .docx, .rtf,. odt

- Imágenes: .png, .jpg, .jpeg

En esta web tienes todos los contenidos admitidos que puedes agregar a través de un enlace "Link" URL http://embed.ly/providers

 El objetivo es incluir un contenido más visual y más atractivo, incluido audiovisual, lo que hará que la persona que ha llegado a esta sección, interactúe con el contenido y esté más tiempo con tu perfil.

Capítulo 5: Perfil – Ficha de contacto

 Puedes incluir contendido donde apareces tú o tu empresa (prensa, premios, etc.), el catálogo de productos / servicios, la presentación de tu empresa (PowerPoint, Prize –por url-), un vídeo de YouTube, etc.

Ejemplos de trabajos, entrevistas, programas de radio donde has participado, un enlace con la galería de tus trabajos, etc.

5.6.5.2 Agregar contenido

Vamos a ver paso a paso como incluir un contenido, en mi caso voy a ir a mi cuenta de Amazon como escritor.

https://www.amazon.com/author/davidmcalduch

Me aparece esta pantalla, hago clic en el libro de "Social Selling" y copio la dirección, en mi caso http://amzn.to/2tygeV2

Ahora vamos a LinkedIn, en la parte superior de la pantalla derecha pulsamos sobre "Me", se despliega un menú y hacemos clic en "View profile" / "Ver perfil"

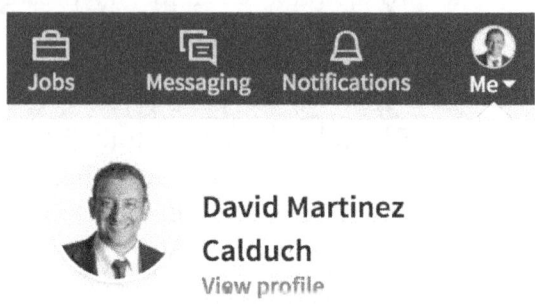

Ya estamos dentro de nuestro perfil, pulsamos el botón del lápiz para modificar el Extracto.

Vamos hasta el final del Extracto y en "Media" pulsamos el botón "Link" y pegamos la URL que tenemos.

| Paste or type a link to a file or video | Add |

Después de pegarlo, pulsamos "Add", LinkedIn buscará el contenido, y cargará el título y la descripción, ambas las puedes modificar si lo deseas.

Capítulo 5: Perfil – Ficha de contacto   93

Pulsamos "Apply" cuando hemos acabado y ya lo tenemos publicado en nuestro Extracto, como puedes verlo a continuación.

5.6.5.3 Eliminar un contenido Multimedia

Para borra un contenido que ya no quieres que aparezca, sigue estos pasos:

1. Entra en tu perfil de LinkedIn
2. Pulsa el lápiz para editar el Extracto
3. Ve al final a la zona de Media
4. Haz clic en el lápiz del contenido
5. Y ya dentro del contenido pulsar "Delete this media" / "Borrar este contenido"

Delete this media   Apply

5.6.6 Creación de Contenidos

Dentro del Extracto, entre en la opción de subir los contenidos directamente y enlazarlos "Link", personalmente prefiero la segunda opción, y te voy a explicar por qué. Es mucho más laboriosa, pero a la larga genera mucho más posicionamiento y resultados.

Vamos a ver esta estructura de trabajo:

1. Creamos una presentación de nuestra empresa (PowerPoint, Keynote, Canva.com)
2. La convertimos en PDF
3. Nos creamos una cuenta en Slideshare.net (propiedad de LinkedIn) usando nuestra propia cuenta de LinkedIn
4. Subimos el fichero
5. Slideshare nos dará una URL que ahora podemos enlazar con el botón "Link"

Imagino que te estarás preguntando para que dar tantas vueltas, si puedes subir el PDF directamente con "Upload" en tu Extracto, y al final se va a ver igual.

Y aquí radica la clave, ahora lo tienes en tu perfil donde lo querías, pero también lo tienes en Slideshare, si no conoces Slideshare te lo voy a explicar para que entiendas su potencia, YouTube es él canal de vídeos y Slideshare es lo mismo para Presentaciones y PDFs. Con lo cual te ayudará a difundir tu presentación, aparte de tu Perfil de LinkedIn.

Slideshare tiene más de 80 millones de profesionales, con más de 18 millones de contenidos publicados en 40 categorías, y está entre las 100 webs con más visitas del mundo.

Por supuesto, puedes subir el PDF directamente a LinkedIn, pero ¿no crees que vas a perder difusión y SEO por no publicarlo en Slideshare? Yo te lo puedo confirmar, sí, vas a perder MUCHAS oportunidades.

Capítulo 5: Perfil – Ficha de contacto　　　　　　**95**

Y lo mismo ocurre con otros tipos de contenidos, imaginemos que hacemos un vídeo, yo me crearía un canal de YouTube y subiría el vídeo, y a partir de ahí, le pondría en enlace del vídeo en el Extracto con "Link".

YouTube es el segundo buscador más grande del mundo, y el tercer sitio más visitado después de Google y Facebook.[9]

Si quieres subir fotos, yo las publicaría en Flickr (propiedad de Yahoo!), después crearía un álbum, y publicaría en el Extracto el enlace del Álbum.

Vamos a ver mi cuenta (de empresa) de Flickr, nos dimos de alta en el 2010 y en 2012 nos pasamos a la versión de pago.

https://www.flickr.com/photos/solucionafacil/

---

[9] Fuente: Brandwatch

![Estadísticas Flickr]

En total tenemos ya 102.923 visitas a nuestras fotos dentro de Flickr, es decir, Flickr nos está ayudando a darle difusión a nuestros contenidos, en este caso nuestras fotos, en todas ellas aparece el nombre de la empresa y si se hace clic en ese nombre, aparece la web, telf., etc.

Como resumen, quiero que entiendas que, si publicamos los contenidos en estas y otras plataformas, y las enlazamos en LinkedIn, el contenido es visible en tu perfil de LinkedIn, y además estás plataformas hacen un radio de difusión entre sus usuarios, y nos dan por su lado difusión a nuestros contenidos.

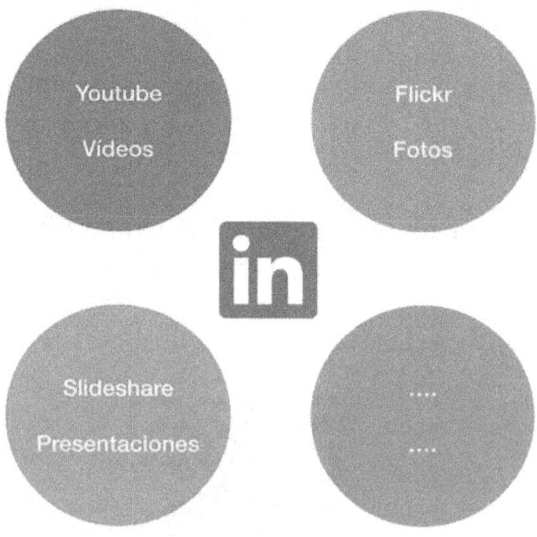

Y para crear Presentaciones, Infografías, Fichas de productos, Revistas, Catálogos, etc. puedes usar www.canva.com, que después verás un ejemplo de cómo hacerlo.

Capítulo 6

Perfil – Actividad y resultados

Después de la ficha inicial que hemos visto, lo que viene a continuación, es un resumen de nuestra actividad y los resultados que hemos conseguido.

Esta primera parte es solamente visible para ti.

Y esta es visible para todo el mundo que visite tu perfil.

6.1 Estadísticas de nuestras acciones

LinkedIn nos ofrece una gran variedad de estadísticas con las que podemos ver nuestra evolución, a partir de los cambios que hacemos en nuestro perfil, publicaciones que realizamos e interacciones con otros profesionales.

Ahora vamos a ver qué datos nos facilita, y como se ven estos datos en la versión gratuita y en la versión Premium (de pago).

950	66	1,688
Who viewed your profile	Post views	Search appearances

Estos son los datos que me muestra del rendimiento que estoy consiguiendo con mi perfil, vamos a ir viendo los datos de izquierda a derecha y analizando que quieren decir.

6.2 Visitas a tu perfil

Este dato es muy importante, porque, son personas que bien te conocen, y han puesto tu nombre y apellidos para localizarte, o son personas que están buscando un término (palabra que han puesto en el buscador, una tecnología, un conocimiento, una marca, un servicio, un producto, una profesión, etc.) y has aparecido en las búsquedas y a partir de ahí han entrado a ver a tu perfil.

Con esto ya conseguimos que al menos vean nuestra ficha de contacto y nuestro Elevator pitch.

Si hacemos clic sobre la cifra de visitas a nuestro perfil (ahora mismo no te preocupes por la cifra que te aparece), lo importante es ver qué cifra tenemos ahora e ir incrementándola con el tiempo.

Capítulo 6: Perfil de LinkedIn

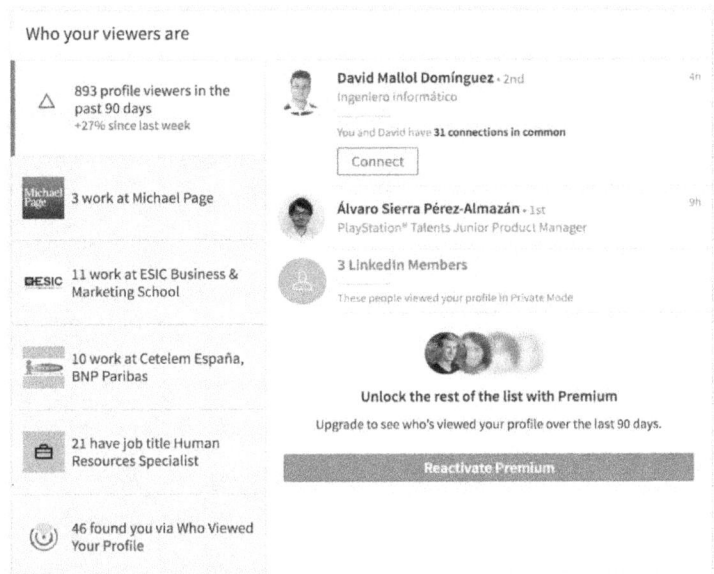

Al entrar en la pantalla de las estadísticas, nos indica que la cifra de 893 visitas corresponde a los últimos 90 días, 90 días son 12 semanas, por lo que 893/12 = 74. Y me indica que he tenido un crecimiento de un 27% esta semana sobre la semana anterior.

Podemos concluir que he conseguido que 74 personas todas las semanas, vengan a ver mi perfil para averiguar quién soy, a qué me dedico, etc. Esto lo puedes enfocar a generar Leads, búsqueda de empleo, etc.

En la parte izquierda vemos que nos indica varias empresas, de las que han venido varias personas a ver mi perfil, y debajo del todo tenemos 21 personas de RRHH, y al final 46 personas que yo había visitado y ellos me han visitado. Toda esta parte de la izquierda, va cambiando dependiendo del tipo de resultados.

Al hacer clic en cualquiera de las opciones de la izquierda, en la parte de la derecha nos salen las personas que nos han visitado, en la imagen superior verás que solo se ven 3, porque al ser la versión gratuita, solo nos muestra las visitas de los últimos 7 días.

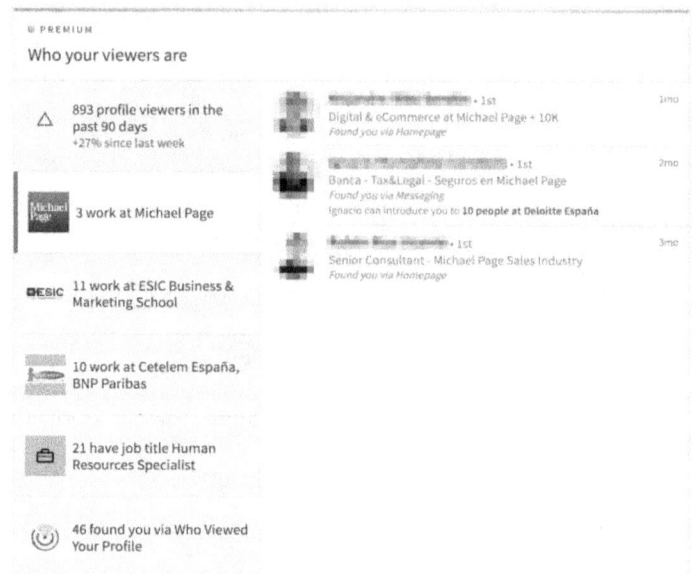

Y con la versión Premium (cualquiera de ellas) ya podemos ver todas las personas que nos han visitado los últimos 90 días, y en la imagen superior, puedes ver a las tres personas de Michael Page que han visitado mi perfil.

6.3 Visualizaciones de tu publicación

En este caso es este dato el que me muestra LinkedIn, y lo analizaremos, pero este dato central y el de la derecha van cambiando respecto de la información que LinkedIn considera que es más importante mostrarte.

Nos está indicando que dentro de nuestras publicaciones "feed", hay una publicación "post" que tiene 8.935 personas que la han visto. Hacemos clic sobre la cifra para ver más información, y llegamos a la siguiente pantalla.

Capítulo 6: Perfil de LinkedIn

En la parte de debajo de la publicación vemos las interacciones que se han producido (me gusta y comentarios, que consigue que esta publicación la vean los contactos nivel 1 de la persona que ha interactuado, o sea, nuestro nivel 2) y cuantas personas lo han visto.

Si hacemos clic sobre el icono con la gráfica (con la flecha), o la cifra 10.231 vamos a la pantalla de estadísticas.

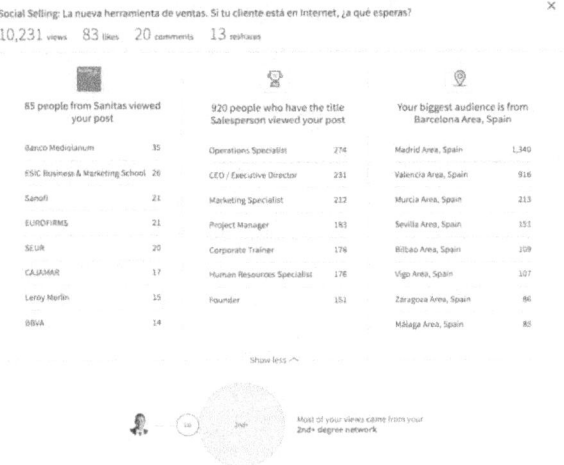

En la parte de arriba vemos que nos indica el total de visualizaciones, me gusta, comentarios y cantidad de veces compartido.

Después nos dice de más a menos, la cantidad de personas de cada empresa que lo han visto, en la parte central por cargo, 920 vendedores, 231 CEOs, 212 especialistas en Marketing, 176 de RRHH, etc. y en la última por ubicaciones.

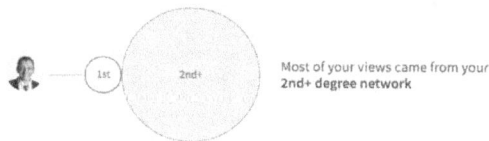

Al final puedes ver que nos indica, que esta publicación ha saltado mis contactos de nivel 1, y, sobre todo, la gran mayoría de personas que lo están viendo, son personas que no son contacto mío directo, y de ahí que el círculo 2nd+ sea mucho más grande que el 1st.

Lo que no puedes averiguar ni ver, es en concreto qué personas son, LinkedIn no te va a facilitar ese listado.

La primera opción "Articles" corresponde a las publicaciones que hacemos con la plataforma de escribir artículos de LinkedIn llamada Pulse, donde también tienes acceso a las estadísticas de las publicaciones.

Y en la tercera opción, sale lo de las otras dos opciones, más todo aquel contenido donde hemos pulsado Me gusta, compartir o hemos participado en comentarios.

Capítulo 6: Perfil de LinkedIn 103

6.4 Apariciones en búsquedas

★ 893 Who's viewed your profile	8,935 Views of your post in the feed	3,667 Weekly search appearances

El último valor, es una nueva estadística que ha incorporado LinkedIn, que es muy interesante. Nos informa de las veces que hemos aparecido en las búsquedas hechas por otras personas.

En mi caso concreto, me indica que he aparecido 3.667 veces cada semana en los resultados de las búsquedas.

Si hacemos clic en la cifra vamos a la pantalla donde se nos amplía la información.

Weekly search stats

3667

number of times your profile appeared in search results between June 13 - June 20

Where your searchers work	Number of searches
IEM BUSINESS SCHOOL Higher Education 11-50 employees	229
Hays Staffing and Recruiting 5,001-10,000 employees	26
ESIC Business & Marketing School Education Management 201-500 employees	24
51-200 employees	20
Biotechnology 201-500 employees	18

Y más abajo, nos dice qué puestos tienen las personas que estaban haciendo las búsquedas donde hemos aparecido.

6.5 Cajetín de Artículos y Actividad

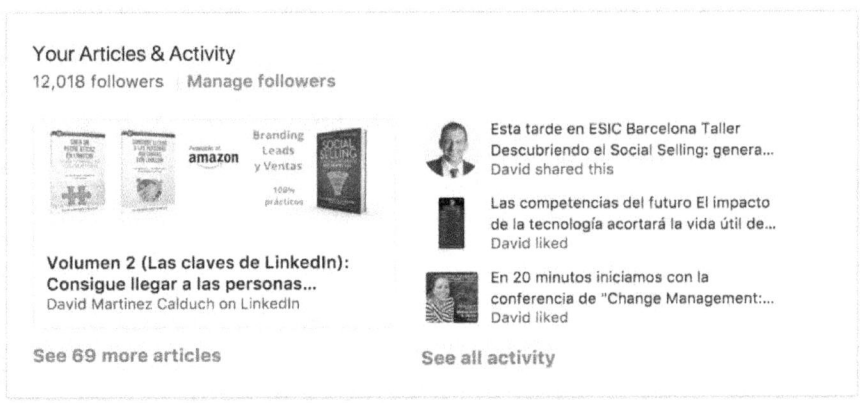

Este cajetín contiene parte de la información que ya hemos visto, pero lo tenemos a modo de visa rápida, para no tener que entrar por un camino más largo.

Capítulo 7

Slideshare

El 80% del tráfico que llega a Slideshare para ver sus contenidos proviene de los buscadores.

Debido a la importancia de la creación de contenidos y de la potencia que tiene Slideshare, vamos a ver en este capítulo como darte de alta en Slideshare, como configurarlo y como publicar contenido. A partir de ahí, ya lo puedes vincular con las secciones de tu perfil.

7.1 Alta en Slideshare

Para darnos de alta en Slideshare vamos a su página web

https://www.slideshare.net

En la parte superior derecha puedes ver el botón "Signup".

Si antes quieres cambiar Slideshare de idioma, en la parte de debajo de todo de la web puedes seleccionar uno de estos idiomas.

Cuando pulses en "Signup" / Regístrate, te aparecerá esta pantalla.

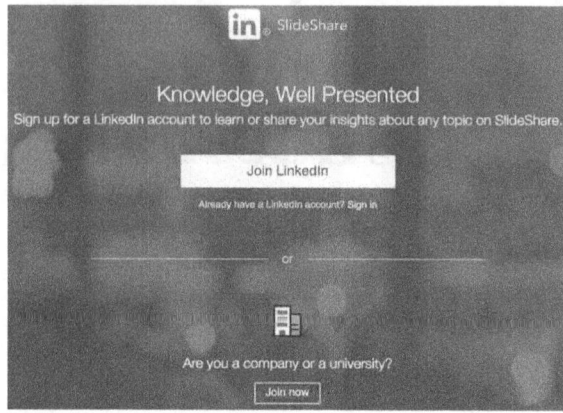

Tenemos dos opciones, si es para nosotros, es el botón de arriba "Sign in" y nos damos de alta usando nuestro perfil de LinkedIn.

Si lo que deseamos es crear una cuenta de Slideshare para nuestra empresa o universidad (solamente si tienes el permiso expreso de la entidad para realizar esta alta), entonces tienes que pulsar el botón de debajo de "Join now".

Nosotros vamos a ver la de arriba "Sign in".

Y pulsamos "Login with LinkedIn", donde nos pedirá el email y la contraseña con la que nos hemos registrado en LinkedIn, así ya se vinculan las dos cuentas, la de LinkedIn y la de Slideshare.

Capítulo 7: Slideshare   **109**

7.2 Configuración de la cuenta

Lo primero que vamos a hacer, es configurar nuestra cuenta de Slideshare para que aparezcan nuestros datos.

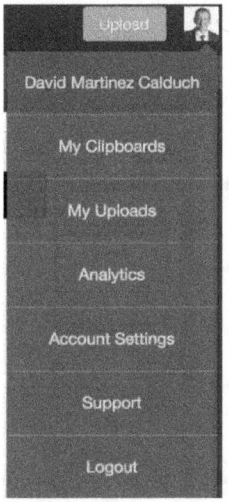

En la parte superior derecha de la pantalla, saldrá la foto de tu perfil de LinkedIn (o una imagen de una persona gris si aún no la tienes puesta), haz clic en la foto, se desplegará el menú y seleccionas "Account Settings".

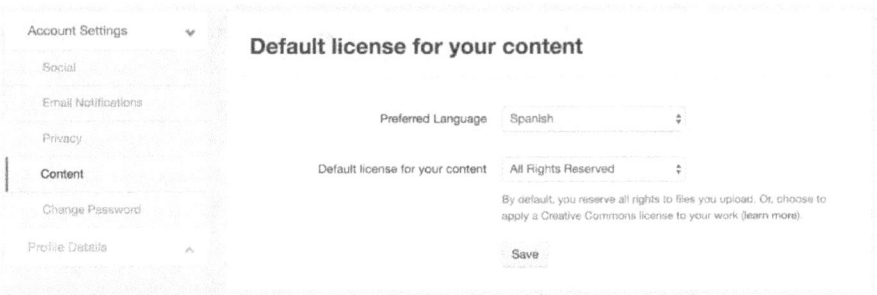

En la pantalla que nos aparece, en la parte de la izquierda tenemos un menú, y dentro de "Account Settings" seleccionamos la opción "Content", y nos aparecerá una pantalla en la derecha donde le indicamos en qué idioma vamos a subir el contenido y qué tipo de derechos de autor queremos aplicar.

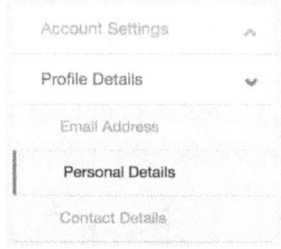

Ahora en el menú izquierdo seleccionamos la última opción, "Profile Details" y dentro seleccionamos "Personal Details", y nos aparecerá esta pantalla.

Aquí lo que tienes que hacer, es ir rellenando todos los campos. Si no dispones de una página web, después verás cómo poner la dirección de tu perfil de LinkedIn.

Capítulo 7: Slideshare

Para subir la fotografía, modificarla desde el ordenador para adaptarla al tamaño que pide Slideshare.

 El tamaño tiene que ser cuadrado de 96x96px

Los formatos admitidos son jpg, png o gif

El tamaño máximo del fichero es de 500KB

 El objetivo es, que cada vez que publiques un contenido, se vincule con tus datos y a partir de ahí, tengan la posibilidad de visitar tu perfil de Linkedin para tener más información de ti.

 Usa la misma foto que tengas en LinkedIn.

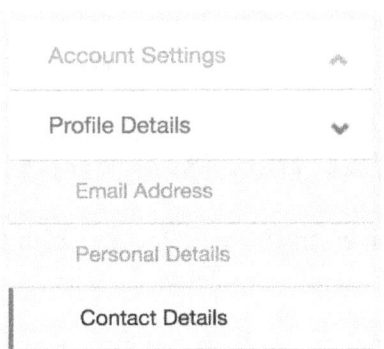

Después vamos a la última opción del menú "Contact Details", donde veremos la pantalla que verás a continuación. Debemos rellenar los campos que consideremos útiles para que nos localicen.

Ahora ya nos hemos dado de alta, y hemos configurado todos los datos necesarios para tener nuestra ficha completa en Slideshare, y ya podemos empezar a crear nuestro primer contenido.

7.3 Crear nuestro contenido

Vamos a ver cómo podemos crear rápidamente un contenido con Canva.com

Vamos a www.canva.com (en el ordenador), arriba en la parte de la derecha pulsamos este botón para que nos salgan todos los tipos de contenidos que podemos crear, el botón que ves a continuación.

Capítulo 7: Slideshare

Dentro de la categoría "Documentos" tenemos "Presentación"

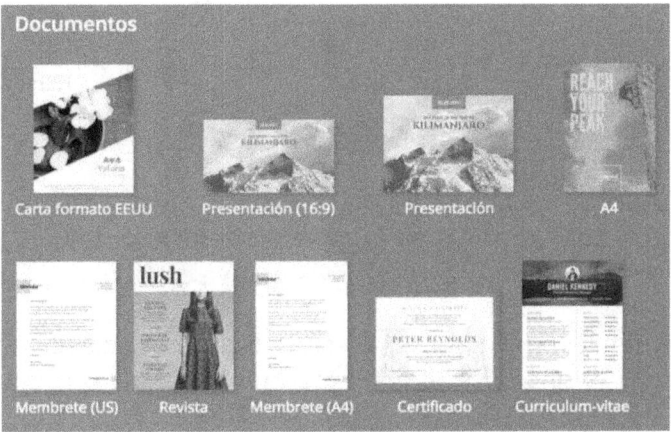

Al hacer clic en la Presentación, se nos abre una nueva ventana, en la parte de la izquierda tenemos ya los diseños creados, ahora solamente hay que seleccionar cual es el que se adapta mejor a tu imagen corporativa, o el tipo de contenido que quieres compartir.

Estos son una muestra de algunas de las que hay.

Al ponerte encima de cada uno de los diseños, verás que te indica un número justo en la parte superior derecha, es la cantidad de Slides / Diapositivas diferentes que ya están diseñadas dentro.

Y al hacer clic sobre el diseño que hemos seleccionado, se nos despliega, y nos informa para qué tipo de contenido están creadas estas diapositivas.

Y debajo nos muestra el diseño de las 10 diapositivas de este modelo.

Esto mismo lo puedes ir haciendo con el resto de los diseños hasta que encuentres el que más te guste.

Yo para hacer este ejemplo, usaré este. Si la es la primera vez que usas Canva.com, te recomiendo que uses la misma que te estoy mostrando, para que te sea más fácil.

En la galería de las 10 diapositivas diseñadas, hacemos clic en la primera, y nos aparece en el centro de la pantalla, nuestra primera diapositiva ya diseñada.

Ahora hacemos clic en los textos, y los cambiamos por los textos que nosotros queremos que aparezcan, podemos cambiar tipo de letra, color, etc. con los cambios que yo hago queda así.

Al hacer clic en el texto, en la parte de arriba te aparecerá esta barra de botones, donde puedes cambiar el tipo de letra, tamaño, color, etc.

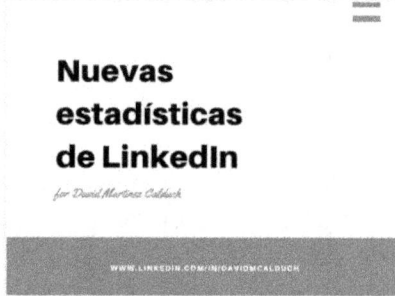

Debajo de esta diapositiva tenemos el botón para agregar otra diapositiva nueva.

Al hacer clic, nos aparecerá la diapositiva 2 en blanco, y en la parte de la izquierda (donde están las 10 diapositivas diseñadas), seleccionamos que tipo de diseño queremos para la segunda. Yo selecciono para segunda esta.

Capítulo 7: Slideshare

La modifico para que aparezcan mis datos, ahora en la parte de la izquierda de la pantalla hacemos clic en "Archivos Subidos".

Pulsamos el botón "" para cargar una foto nuestra que tengamos en nuestro ordenador.

Al hacer clic en la imagen la puedes cambiar de tamaño, girar, etc.

Y el diseño de mi segunda diapositiva queda así.

Ahora volvemos a pulsar el botón "Agregar una nueva página", para crear la tercera diapositiva, y otra vez seleccionamos en la parte de la izquierda, el diseño de diapositiva que se adapta mejor al contenido que vamos a poner.

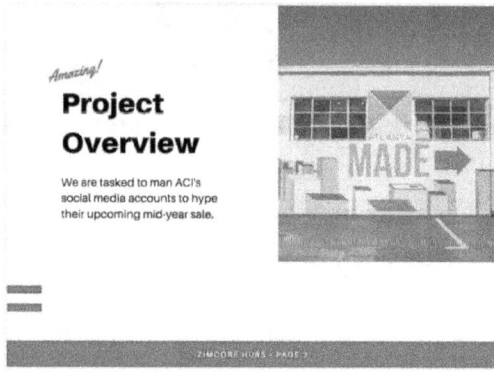

Cambio los colores y los textos, hago clic en la imagen y la borro, y añado las imágenes que tengo preparadas, quedando así.

En la parte de la derecha verás que nos indica, que estamos en la diapositiva 3, y hay un icono que son dos hojas, haces clic en el icono de las dos hojas, y así duplicamos la diapositiva, porque la siguiente va a ser muy parecida.

Capítulo 7: Slideshare 119

Una vez hecha esta diapositiva, la volvemos a duplicar para hacer la siguiente.

Y lo repetimos dos veces más para acabar de poner el resto del contenido.

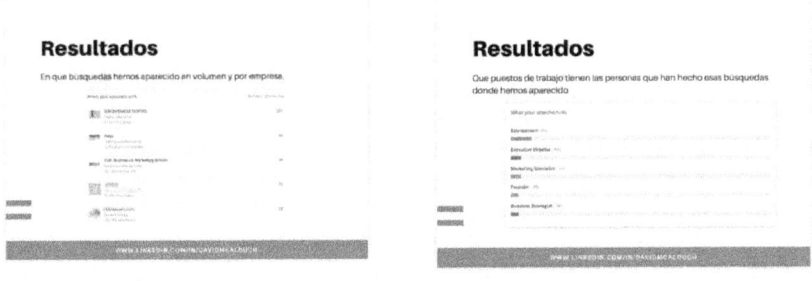

Volvemos a duplicar la última, y hacemos una diapositiva de conclusiones.

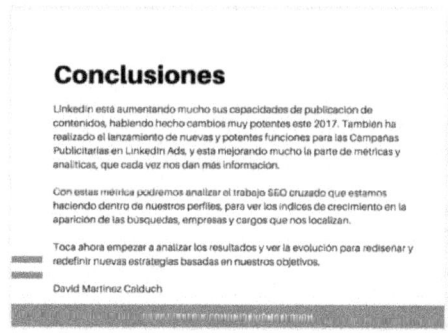

En la parte superior de la pantalla, hacemos clic para poner el título que queremos que tenga el PDF cuando lo descarguemos.

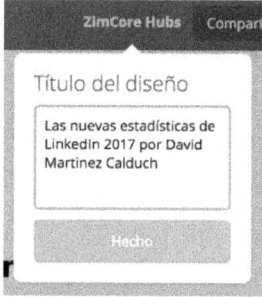

Y en la parte superior derecha, pulsamos el botón descargar, yo he seleccionado "PDF Estándar".

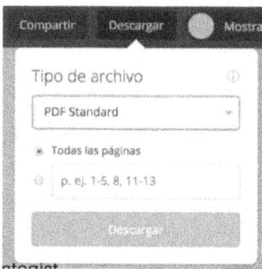

Ahora, solamente nos faltan 2 pasos, publicar el PDF en Slideshare y agregarlo a nuestro perfil de LinkedIn o publicarlo en nuestro muro.

Capítulo 7: Slideshare   **121**

7.4 Subir el contenido

Vamos a la web de www.Slideshare.net, y en la parte superior derecha tenemos el botón de "Upload".

Nos aparecerá esta pantalla, cogemos el PDF que nos hemos descargado en nuestro ordenador y lo soltamos en medio de este cuadro.

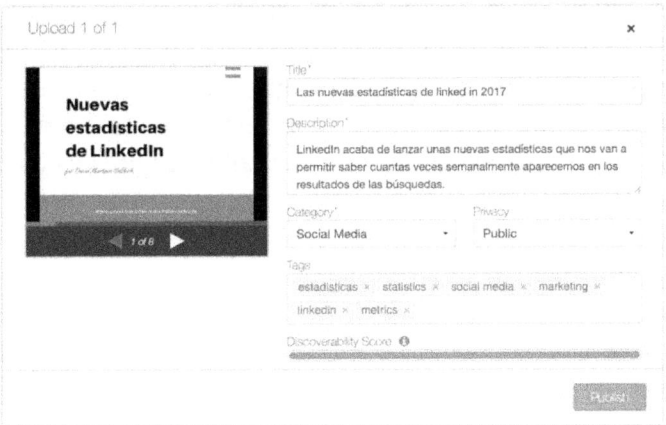

Ahora tienes que rellenar todos los campos y pulsar publicar "Publish".

En el momento que ya está publicada la presentación (tardará muy poco), nos manda a la página para que ya la podamos ver, y arriba en la barra del navegador tenemos la URL de nuestra presentación. En mi caso es esta

https://www.slideshare.net/davidmcalduch/las-nuevas-estadisticas-de-linked-in-2017

Con esta URL, ya podemos agregar esta presentación a nuestra sección de Media del Extracto, de nuestro perfil de LinkedIn.

7.5 Publicar el contenido

Para hacerte otro ejemplo, lo que voy a hacer en este caso, es publicar este contenido que hemos creado en mi muro de LinkedIn, vamos a ver cómo hacerlo.

Voy al inicio de LinkedIn, pulsando el icono de In azul de arriba de mano izquierda, o el icono de la casita arriba en el menú. Y en la parte central superior de la pantalla, veras este cajetín.

Donde dice "Share an article, photo, or update" hacemos clic para escribir y pegamos nuestra URL de la presentación de Slideshare.

Capítulo 7: Slideshare

LinkedIn carga el contenido, y nos hace la previsualización. Ahora la URL que aparece escrita ya no hace falta, la borramos y podemos escribir el texto que consideremos oportuno, para conseguir el mayor impacto posible y atraer más visitas.

Ya solo nos queda pulsar el botón "Post" para publicar. La primera vez que hagas el proceso de crear contenido, te será un poco más lento, pero con la práctica verás que es rápido y fácil de hacer.

A continuación, vemos la evolución de las visualizaciones reales de esta publicación y el % de crecimiento.

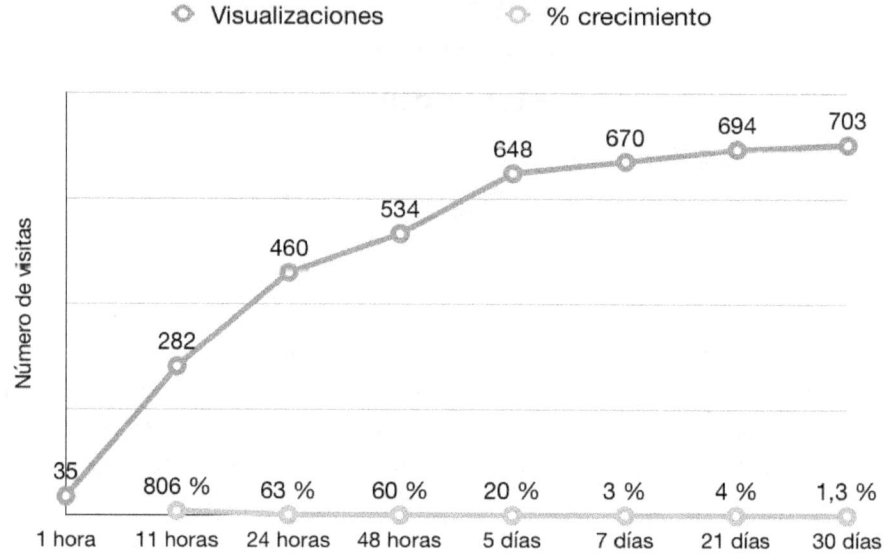

Capítulo 8

Perfil – Información de contacto

En la parte de la izquierda, si estamos en el ordenador, existe una zona donde poder poner más datos sobre nosotros.

8.1 Estructura y funcionamiento

En la parte superior del perfil, en la zona de la derecha tenemos "Contact and Personal Info".

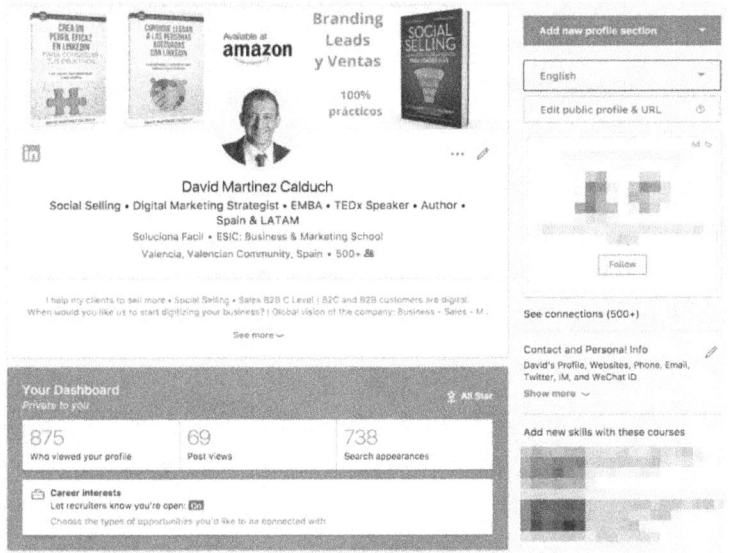

David Martínez Calduch. 2017

Al hacer clic en "Show more" nos aparece esta pantalla.

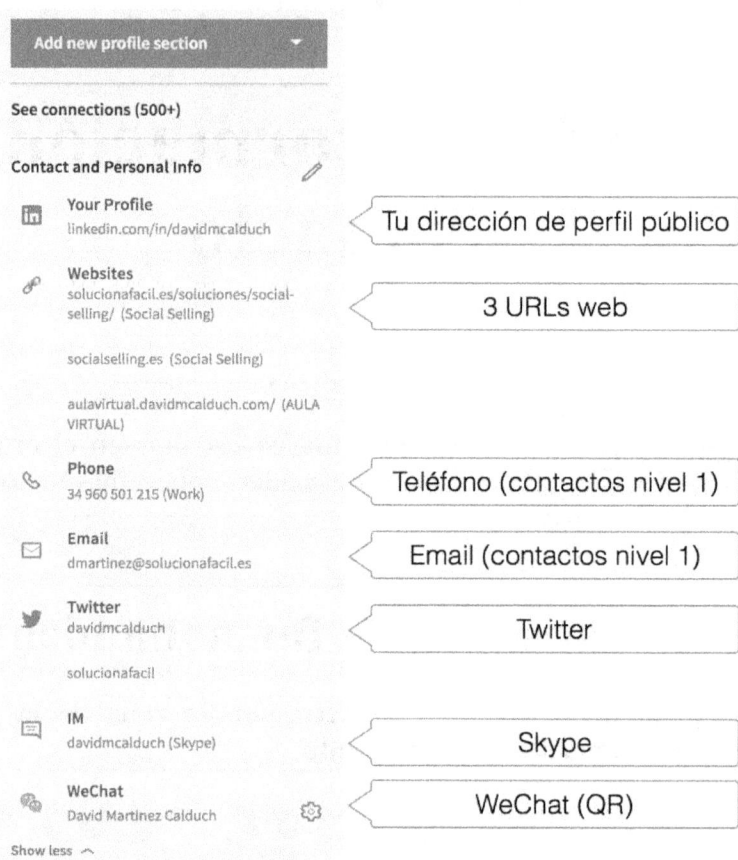

Para poder modificar los datos que aparecen, hacemos clic en el lápiz de color azul, que está arriba del todo, al lado de "Contact and Personal Info", y nos aparecerá la pantalla que vemos a continuación.

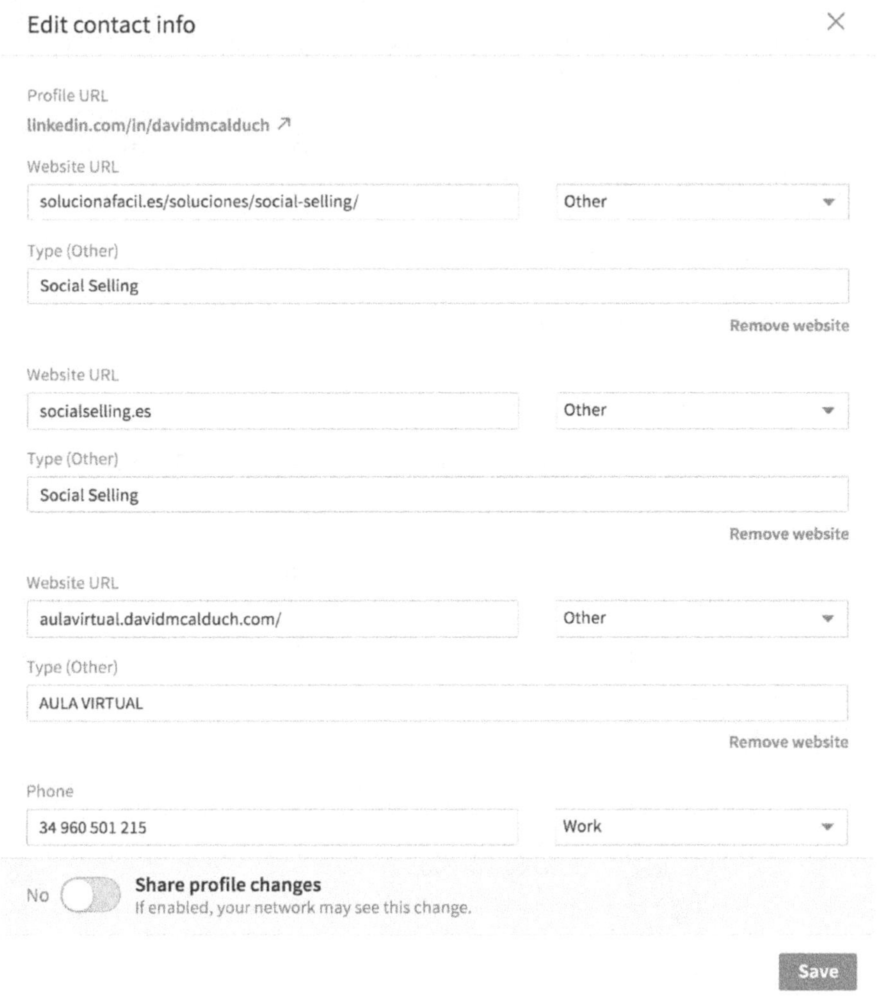

Capítulo 8: Perfil – Información de contacto

Edit contact info

Profile URL
linkedin.com/in/davidmcalduch ↗

Website URL

| solucionafacil.es/soluciones/social-selling/ | Other ▼ |

Type (Other)

| Social Selling |

Remove website

Website URL

| socialselling.es | Other ▼ |

Type (Other)

| Social Selling |

Remove website

Website URL

| aulavirtual.davidmcalduch.com/ | Other ▼ |

Type (Other)

| AULA VIRTUAL |

Remove website

Phone

| 34 960 501 215 | Work ▼ |

No ⊝ **Share profile changes**
If enabled, your network may see this change.

Save

Ahora vamos a ir viendo cada uno de los campos para configurarlos correctamente.

8.2 Dirección del Perfil Público

La dirección del perfil público es muy importante para mejorar la URL del perfil de LinkedIn, y para posicionarte en los buscadores (Google, Bing, Yahoo!, etc.).

Si aún no has configurado la dirección de tu perfil público, es posible que sea algo parecido así.

linkedin.com/in/davidmcalduch-pub-838eic89e3 (ejemplo)

Mi dirección personalizada es

www.linkedin.com/in/davidmcalduch

como puedes ver, es mucho más agradable a la vista.

Profile URL
linkedin.com/in/davidmcalduch ↗

Hacemos clic en la dirección o en la flecha y se abrirá una ventana nueva.

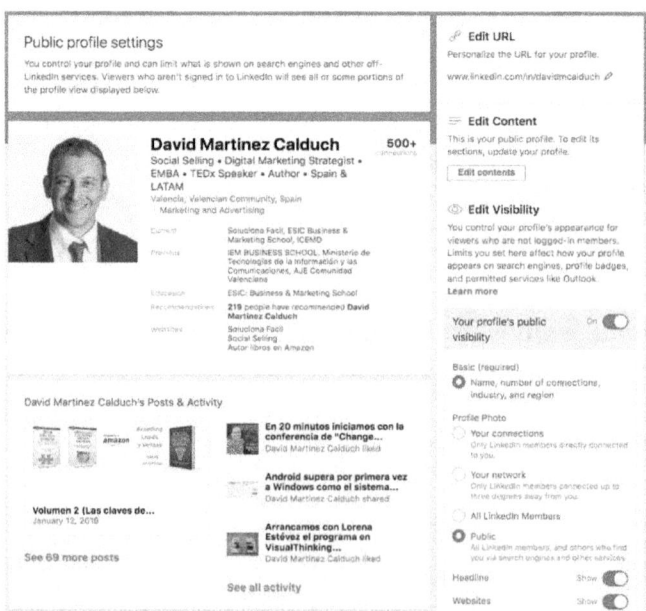

Capítulo 8: Perfil – Información de contacto

Edit public profile URL

Enhance your personal brand by creating a custom URL for your LinkedIn public profile.

www.linkedin.com/in/davidmcalduch 🖉

En la parte superior derecha tenemos este cajetín, y hacemos clic en el lápiz azul para personalizar nuestra dirección.

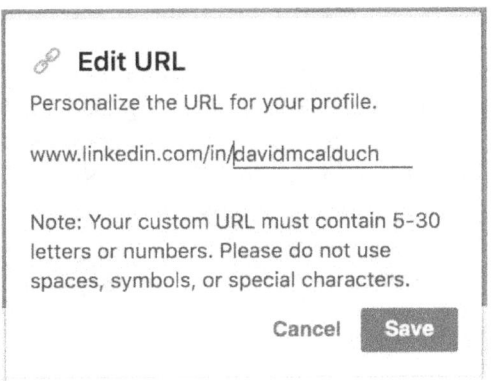

Ahora ya puedes personalizar tu dirección del perfil público, pero debes de tener en cuenta:

- Una vez modificada procura no volverla a cambiar
- Se trata de una URL de una página web
- Tienes que escribirlo todo junto sin espacios
- Tiene que ser entre 5 y 30 caracteres de longitud
- No puedes usar caracteres especiales (ñ, ç, acentos, guiones bajos, etc.)
- Puedes usar guiones - si quieres

Una vez lo hayas escrito, pulsa "Save" Guardar, y si no está usado se guardará, si no te indicará que uses otro.

En la parte de debajo de la derecha, marca la casilla "Make my public profile visible to everyone", hacer el perfil visible a todo el mundo.

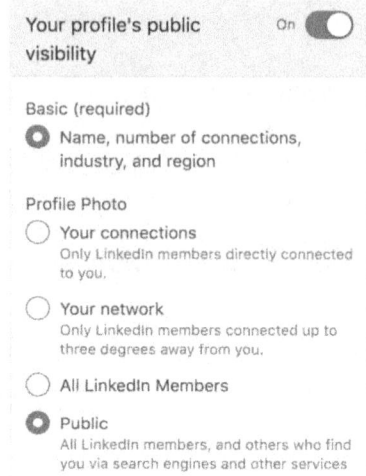

Y activas todas las casillas que tengas, y pulsas guardar. No te preocupes si no tienes tantas como yo, después vamos a ver como agregarlas, y pulsamos el botón del final "Save" guardar.

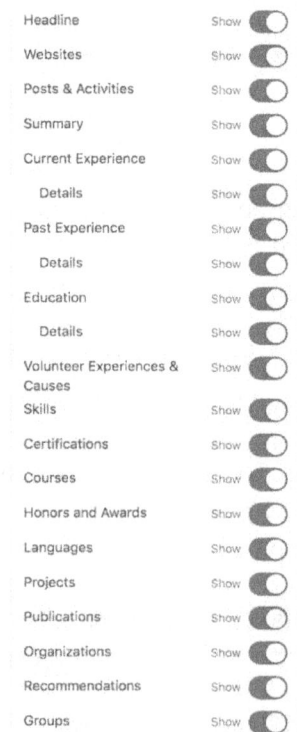

Capítulo 8: Perfil – Información de contacto

Ahora ya puedes pulsar este botón que tienes arriba a mano derecha "Back to LinkedIn.com", que te abrirá una nueva ventana, cierra las otras pestañas para no liarte.

Lo que acabamos de hacer, es decirle a LinkedIn, que queremos que mande nuestro perfil a los buscadores para que nos indexen y aparezcamos en sus búsquedas, con lo que conseguiremos más visitas a nuestro perfil. Cada vez que modifiques tu perfil, LinkedIn lo vuelve a mandar para que se indexe.

8.3 Analizando los resultados de los buscadores

Vamos a hacer un ejemplo, yo lo hago conmigo, después de verlo, deberías de hacerlo contigo para ver los resultados y analizarlos.

https://www.google.es/?gws_rd=ssl#q=david+martinez+calduch

Como podrás ver en los resultados, el primero que aparece es mi perfil de LinkedIn, con mi dirección de perfil público, es para que veas la potencia que tiene a la hora de aparecer en los resultados de las búsquedas.

Por su puesto, ahora habría que hacer búsquedas sobre tus palabras clave y ver los resultados.

Este punto es extenso de detallar, ya que entramos en una estrategia de posicionamiento SEO con LinkedIn y otros recursos, para posicionarte no solamente sobre tus nombres y apellidos, sino sobre tus líneas de negocio y objetivos.

8.4 Páginas web

Ahora volvemos a nuestro perfil, y en información de contacto pulsamos otra vez el lápiz.

 Podemos incluir un máximo de tres direcciones de nuestras páginas webs, como puedes ver en la imagen.

 El objetivo es que cuando las personas busquen más información sobre ti, puedas enviarlas a las webs que te interesen que vean.

 Webs que podemos incluir:

- La web de la empresa donde trabajas

- La URL de la web de un producto o gama específica de la web de la empresa

- La URL de la web donde la empresa tiene un lanzamiento, una landing page.

- Tu web / blog
- Tu galería de fotos de Flickr/500px
- Tus fotos de Instagram
- Tus presentaciones de Slideshare
- Tu canal de YouTube
- Tus diseños de Behance
- Tu canal de Postcast
- Etc.

Básicamente puedes poner cualquier dirección URL.

Cuando introduzcas las URL, verás en la parte de la derecha tienes una lista desplegable, si seleccionas "Other" Otro, aparece un nuevo campo donde puedes poner el título que quieras, piensa en tu estrategia SEO.

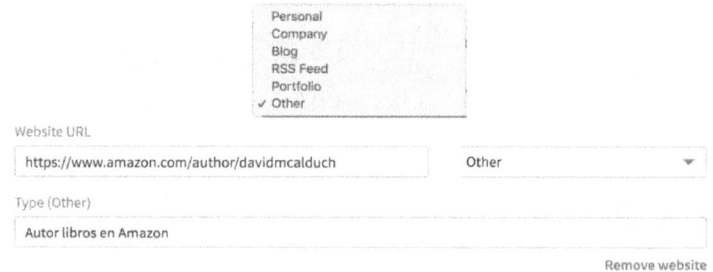

8.5 Teléfono y dirección

Aquí puedes indicar el teléfono que quieras que se vea ¿el de la centralita de tu oficina?, y la dirección, por supuesto no pongas la de tu casa, esto es un perfil profesional. O si no, déjala en blanco.

Capítulo 8: Perfil – Información de contacto

8.6 Email/s

Email address
dmartinez@solucionafacil.es ↗

El siguiente campo que aparece la dirección de email, con la que te registraste en LinkedIn.

Hacemos clic en el email o en la flecha azul, se abrirá una nueva pestaña/ventana. Aquí tienes la dirección para ir directamente (en el ordenador).

https://www.linkedin.com/psettings/email

Solo puedes agregar y tener en el listado, aquellos emails que existan, y tu tengas acceso.

Al entrar en esta pantalla y hacer ciertas acciones, como medida de seguridad, LinkedIn te pedirá la contraseña de tu cuenta de LinkedIn para confirmar que eres tú.

La forma en que LinkedIn confirma que tú conoces a alguien, es porque tienes la dirección de email de la otra persona, el email con el que se ha dado de alta en LinkedIn.

Y la forma de hacer que las otras personas nos puedan invitar más fácilmente, es añadir todos nuestros emails, para que así cada persona que nos conoce por cada uno de esos emails, nos pueda invitar.

 La única dirección visible por tus contactos nivel 1, es la que tu marques como "Primary" Principal.

[imagen de la sección "Basics – Email addresses" de LinkedIn mostrando el listado de correos con opciones "Make primary" y "Remove"]

Add email address

Bajo del todo en el centro, tienes "Add email address" para añadir más emails tuyos a los que tengas acceso, al pulsarlo nos aparecerá esta pantalla.

[imagen del formulario con campo "Email address" y botón "Cancel"]

Introduce la dirección de email y pulsa el botón "Send verification". LinkedIn te mandará un email de verificación. Tienes que entrar en tu email, abrirlo y hacer clic en el enlace para demostrar que eres el propietario del email, y ya te aparecerá en el listado.

Aquí tienes un email de ejemplo como el que te llegará.

Capítulo 8: Perfil – Información de contacto   137

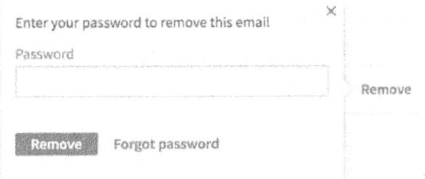

Si lo que quieres es eliminar un email de los que tienes dados de alta, al hacer clic en "Remove" Eliminar, nos pedirá la contraseña de nuestra cuenta de LinkedIn como medida de seguridad.

8.7 Cuentas de Twitter

También podemos incluir nuestras cuentas de Twitter.

Twitter
davidmcolduch

Twitter
solucionafacil

Pero para agregarlas, tenemos que ir a otra pantalla.

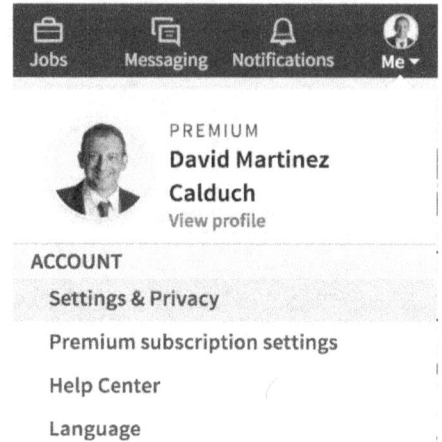

Vamos al menú superior derecha en "Me", y al desplegarse el menú seleccionamos "Settings & Privacy", Configuración y Privacidad, y se abrirá una nueva pestaña/ventana.

Seleccionamos el menú superior "Account", y hacemos clic en la parte inferior izquierda, en "Partners and Third parties", y en la parte central tenemos la opción "Twitter Settings", al hacer clic nos aparecerá la pantalla que vemos a continuación, donde podemos agregar y quitar las cuentas de Twitter que aparecerán en nuestro perfil de LinkedIn.

Capítulo 8: Perfil – Información de contacto

Esta pantalla verás que tiene aún un aspecto del antiguo LinkedIn, así que tiene que recibir un rediseño completo.

Capítulo 9

Perfil – Puestos de trabajo

L a sección de Experiencia profesional / Puestos de trabajo es clave para poder mostrar cuál ha sido nuestra carrera profesional, qué hemos hecho, qué logros hemos conseguido y qué estamos haciendo ahora.

9.1 Perfil Junior

En el caso de que estés iniciando tu carrera profesional ahora, es normal que, en este apartado vayas a poner poco contenido, no te preocupes, esto no es una carrera de sprint, tu carrera profesional es una carrera de fondo, un maratón.

Planifícate bien qué quieres conseguir, hasta dónde quieres llegar y a trabajar duro, con ganas e ilusión.

Si has realizado prácticas en empresa, a la hora de ponerlas en tu perfil de LinkedIn, tienes que hacer la siguiente reflexión, ¿en las prácticas que he hecho he desarrollado las funciones del puesto y he hecho el trabajo? O me han hecho hacer fotocopias o tareas repetitivas, o me han estado formando, y de esa forma vas a tener que enfocar esta experiencia.

Si has hecho prácticas como indica el nombre, debes poner en el puesto que son prácticas, pero hay casos que conozco donde la persona ha desarrollado realmente el puesto, y ha hecho el trabajo asignado a ese puesto, la única diferencia entre esas prácticas y un contrato normal de trabajo, es el tipo de contrato y el sueldo cobrado, en este caso podrías valorar el no incluir la palabra "prácticas". Esto siempre que se cumpla el requisitito que te estoy indicando, y además que puedas justificarlo de una forma muy clara.

9.2 Perfil Senior

En capítulos anteriores ya habíamos comentado qué documentación debías preparar para poder trabajar este apartado, ya que en el pasar de los años, se nos pueden olvidar fácilmente las fechas correctas, funciones, proyectos, éxitos, etc.

En la situación laboral y social que vivimos hoy en día, es posible que te encuentres en un cambio de rumbo profesional. No tienes por qué preocuparte ni agobiarte, esto es de lo más normal del mundo, y verás cómo lo puedes plasmar en tu perfil.

Yo trabajo con muchos Directivos y Profesionales, que hacen un cambio de rumbo en sus carreras profesionales, y acuden a mí para ver cómo enfocarlo en sus perfiles.

Yo mismo, si revisas mi perfil de LinkedIn

www.linkedin.com/in/davidmcalduch

Verás que en el 2009 hice un cambio profesional de dejar mi puesto de Jefe de Informática, y me monté mi propia empresa "Soluciona Facil" en la que desarrollo mi carrera profesional enfocado al mundo de Ventas y Marketing Digital (Social Selling y Estratega en Marketing Digital).

Recuerda que un buen profesional, lo es independientemente del sector y el puesto donde esté. Así que tu trayectoria profesional y tus logros, son la clave para afianzar tu perfil profesional.

9.3 Estructura y funcionamiento

En la versión anterior del perfil, al visitar un perfil se veían todos los puestos de trabajo, en este nuevo rediseño solamente se muestran los últimos 5 puestos y el resto permanecen ocultos.

Te muestro algunos de mis puestos y si ves al final aparece el texto en azul "See more positions", que si hacemos clic se muestran el resto de puestos. Esto también ocurre en la App de LinkedIn.

El objetivo que ha buscado LinkedIn con este cambio, es el hacer más fácil la revisión los perfiles profesionales, ya que, de un vistazo, puedes ver lo último que está haciendo esa persona, y si te interesa revisarlo más a fondo, puedes ir ampliándolo.

Capítulo 9: Puestos de trabajo   **145**

9.4 Añadir puestos de trabajo

Los profesionales con puestos de trabajo activos reciben hasta 5 veces más solicitudes de conexión.

- Linkedin

Ahora vamos a ver cómo crear los puestos de trabajo de nuestra carrera profesional.

Aquí te pongo uno de mis puestos de trabajo como ejemplo. Para que veas un ejemplo, ahora vamos a dar uno de alta y veremos el proceso paso a paso.

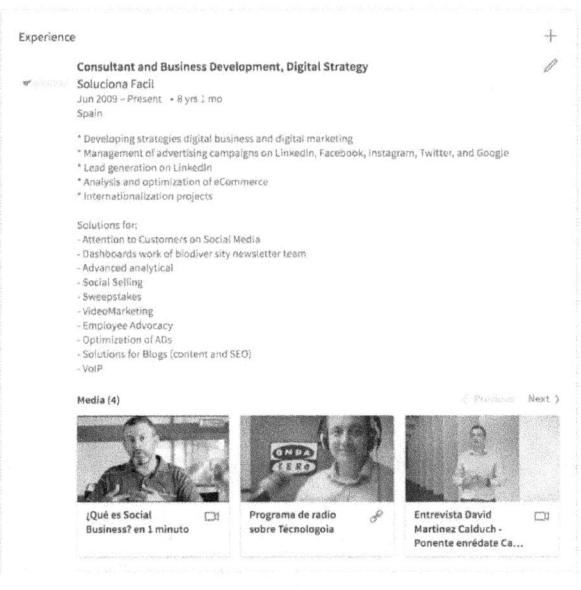

En la zona de Puestos de trabajo, pulsamos el + azul y nos aparecerá esta pantalla.

Ahora vamos a ir revisando cada uno de los apartados.

Si te fijas, el último campo, es si quieres que se publique en tu muro en el que has modificado o añadido este puesto de trabajo, y que lo sepan tus contactos de nivel 1.

9.4.1 Cargo

Title

El primer campo es el título / cargo de tu puesto de trabajo, hemos visto en la parte de arriba del perfil el "Titular profesional", al verlo, te recomendaba la creación de un titular enfocado a tus objetivos, y que fueras un poco creativo (solo verdad verdadera).

En este punto es diferente al Título Profesional, aquí debes poner:

- El cargo que ponga en tus tarjetas de visita
- El cargo que aparezca en tu contrato
- Tu cargo real confirmado por la empresa

Puede ocurrir, te lo digo porque conozco casos, que no esté muy claro cuál es el nombre del "cargo", ante la duda puedes pregúntalo a tu empresa.

9.4.2 Empresa

El siguiente campo que debemos introducir, es el nombre de la empresa. Aquí hay unos factores que debes de tener en cuenta. Como puedes ver en la imagen que hay a continuación, al escribir el nombre de la empresa, es posible que aparezca la empresa, si es así, tienes que hacer clic en el nombre de la empresa.

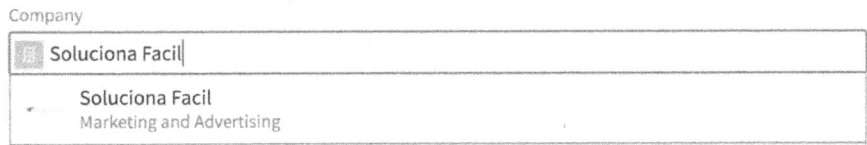

Si la empresa existe y aparece en el listado, debemos hacer clic en ella, para vincularlos y aparecer como empleado, o como exempleado.

Toda esta información, la usará LinkedIn para ayudarnos a conseguir nuestros objetivos.

Si la empresa donde trabajas no existe:

- En ningún caso se te ocurra dar de alta la empresa, sino tienes el permiso expreso de la empresa, ya que, si no, estás haciendo una usurpación de identidad.

- Comunica a tu empresa que es importante tener el perfil de empresa en LinkedIn, y que sean ellos, si lo consideran oportuno quienes lo creen.

Si la empresa donde trabajabas no existe:

- Imaginemos que incluso esta empresa ha dejado de existir ¿eres el representante legal de esa empresa? Si la respuesta es no, no puedes crearla.

- ¿Es una empresa donde trabajaste y no existe?, como mucho, puedes contactar con ellos, para que lo hagan ellos.

9.4.3 Localización

Más del 30% de los reclutadores, usan la ubicación en la búsqueda de candidatos.

- LinkedIn

En este campo, indicamos cual es el lugar donde desarrollamos nuestro puesto de trabajo, si revisas mi perfil como ejemplo

www.linkedincom/in/davidmcalduch

Verás que tengo puestos con diferentes ubicaciones, Valencia (España), Perú, Colombia, Guatemala, etc.

Como puedes ver en este ejemplo, al escribir la ciudad, te da otras opciones para que las puedas seleccionar.

Este campo es libre y no está cerrado a lo que aparece en el listado, sino que puedes escribir lo que quieras. El listado que aparece es para ayudarte.

9.4.4 Periodo de tiempo

From | To
Month | Month
Year | Year

○ I currently work here

Ahora tenemos que indicar de qué mes y año, a qué mes y año hemos estado trabajando en ese puesto de trabajo. No hace falta incluir el día.

Si este es un puesto actual, debes de activar la casilla que tienes bajo a mano izquierda "I currently work here".

From
January
2017
Present

● I currently work here

Al hacerlo, las fechas "To" Hasta, desaparecen y nos muestra la palabra "Present".

Pero también se produce otro cambio importante que tenemos que vigilar, que vamos a ver a continuación.

Por defecto, al decirle que este, es nuestro puesto actual, LinkedIn con el objetivo de ayudarnos, va a cambiarnos nuestro "Headline" "Título profesional" de arriba del todo del perfil, por la combinación de nuestro "Nuevo cargo" + "El nombre de la empresa", como puedes ver en el ejemplo.

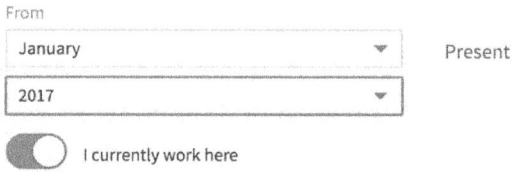

☑ Update my headline
Headline
Director of Sales and Marketing at Soluciona Facil

Currently: Social Selling • Digital Marketing Strategist

Si te fijas, debajo en gris te indica que actualmente tienes otro texto puesto. Si no quieres que cambie lo que tienes puesto ahora en tu "Headline", tienes que desactivar la casilla "Update my headline".

9.4.5 Descripción

40% de los profesionales admiten que les es difícil describir su puesto de trabajo.

- LinkedIn

Está este campo en el que tenemos que explicar qué hemos hecho en nuestro puesto de trabajo.

Haz un párrafo de introducción explicando tu puesto, y a continuación, recuerda que un tamaño excesivo de texto hará que las personas no lo lean. Nosotros vamos a ser el otro 60% ;-)

 Se breve, conciso, piensa que quieres transmitir, qué objetivo persigues y piensa en SEO.

 ¿Qué funciones has realizado realmente? Incluso las que no pertenecen a tu puesto, pero las has hecho por iniciativa propia.

¿Cuáles eran tus funciones principales? ¿Qué iniciativas has liderado? ¿Qué responsabilidades has asumido?

¿Has gestionado equipos? ¿Cuántos y en qué tareas/proyectos/responsabilidades?

¿Has conseguido logros y éxitos? ¿Cuáles?

(si se pueden contar, sino no los pongas*)

¿Tenías unos objetivos marcados a conseguir? ¿Qué conseguiste?

Tu trabajo a sido a nivel ¿regional, nacional, internacional? ¿Cómo has aportado valor a la compañía desde tu puesto?

¿Puedes nombrar a qué marcas / firmas representas? ¿Puedes nombrar clientes? Es posible que tengas que pedir permiso a tu empresa e incluso a los clientes para nombrarlos.

*Si lo que vas a poner, te puede perjudicar a ti o tu empresa, no los pongas, por ejemplo, nombres de clientes, cifras de negocio, nuevas líneas de producto, etc. Yo tengo proyectos con multinacionales que no puedo incluir su nombre, porque el cliente quiere anonimato.

9.4.6 Media

La parte de los contenidos multimedia, funciona igual que en el extracto, así que damos este punto como visto, en como incorporar contenidos.

Recuerda, que de igual forma que ocurre con en el extracto, solamente se ven 3 contenidos, y el resto funcionan como un carrusel.

9.4.7 Difusión y guardar

Lo único que nos queda, es si quieres que se publique este puesto que has añadido, y ya puedes pulsar el botón guardar.

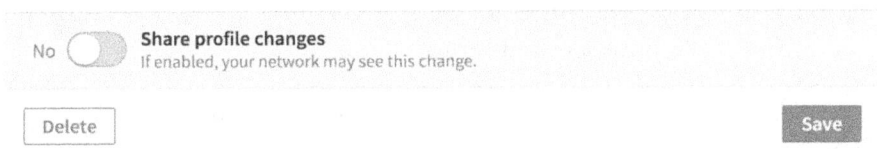

Por supuesto, siguiendo tu CV, ahora tienes que ir añadiendo los puestos de trabajo que tengas en tu carrera profesional. Mi consejo es que no tengas excesiva prisa por poner un nuevo puesto de trabajo, evalúa cuando consideras que es el mejor momento para ti y para tu caso en particular. Bien usado el momento de la publicación, te puede ayudar a darle más difusión.

9.5 Cambiar de orden los puestos de trabajo

Al situarnos en un puesto de trabajo, en la parte de la derecha del puesto, nos aparecen estos tres botones.

El tercer botón (las líneas azules), es para poder cambiar de orden el puesto de trabajo, y ordenarlos en el orden que prefieras.

Solamente se pueden ordenar los puestos de trabajo que están abiertos, es decir, en los que trabajas actualmente. No puedes cambiar de orden, los que has cerrado (dejado de trabajar), se ordenan automáticamente por fechas.

9.6 Borrar puestos de trabajo

Es posible que quieras borrar algún puesto de trabajo, esto puedes hacerlo en cualquier momento, pero recuerda que no hay deshacer. Antes de borrarlo, yo me copiaría todos los datos a mi CV, Evernote o a un documento.

Lo único que tienes que hacer, es ir al puesto de trabajo, y pulsar el lápiz azul para indicar que quieres modificarlo.

Justo al final del puesto de trabajo, en la parte inferior izquierda, tienes el botón "Delete" Borrar.

Capítulo 10

Perfil – Educación

Los estudios reglados que hemos realizado, son muy importantes para nuestra carrera, en esta sección debemos de incluir solamente Carreras Universitarias, Postgrados y Masters. Para incluir cursos debes hacerlo en otra sección que veremos después.

10.1 Dar de alta los estudios

Education   +

ESIC: Business & Marketing School
ESIC Executive MBA, Máster en Administración y Dirección de Empresas (EMBA)
2016 – 2017

Al hacer clic en el símbolo más, de color azul, nos aparecerá esta pantalla.

Ahora iremos repasando cada uno de los campos, y veremos qué tenemos que escribir.

10.1.1 Universidad

School

ESIC: Business & Marketing School

ESIC: Business & Marketing School
Madrid Area, Spain

De igual forma que cuando introducíamos el nombre de la empresa, lo seleccionábamos de la lista, aquí tenemos que hacerlo también con la universidad, es muy importante hacer clic en nuestra universidad en la lista, para vincularnos como Alumno. Cuando hagamos búsquedas, esto nos ayudará.

10.1.2 Degree / Grado

Escribe el título de tus estudios, y te aparecerá un listado, lo seleccionas, también lo puedes personalizar.

Degree

Master of Business Administration - MBA

Master of Business Administration - MBA

Debes de poner el título oficial que tenga puesto la Universidad, en mi caso lo dejo así.

Degree

Master of Business Administration - MBA Executive

10.1.3 Campo de estudios

En este campo vamos a escribir el campo de nuestros estudios, de igual manera que en el campo anterior, nos aparecerá un listado y seleccionamos el que sea correcto.

Field of study

Business Administration and Management, General

Business Administration and Management, General

10.1.4 Grade / Calificación

Aquí puedes incluir la nota que hayas conseguido, si lo consideras relevante.

10.1.5 Actividades y Sociedades

En este campo puedes indicar, en qué actividades has participado, cuales has liderado, y en qué asociaciones y sociedades has estado.

10.1.6 Periodo de tiempo

Al tratarse de formación reglada, los periodos de tiempo se especifican solamente con el año de inicio y de fin.

Time period	
From Year	To Year (or expected)
2016	2017

10.1.7 Descripción

Aquí puedes detallar cualquier otra cosa que consideres importante, y que no ha tenido cabida en los campos anteriores.

10.1.8 Media

Esta sección funciona igual que como lo hemos visto en el Extracto y en los puestos de trabajo.

10.1.9 Compartir y guardar

Como puedes ver, en todas las secciones, podemos indicar si deseamos que publique de forma abierta los cambios que hemos hecho, y que lo sepan nuestros contactos nivel 1, o que no se publique, si lo dejamos desactivado.

Ahora solo queda pulsar "Save" Guardar, e ir introduciendo el resto de nuestros estudios.

10.2 No encuentro mi Universidad

Si no encuentras tu Universidad en el listado, lo más fácil que puedes hacer, es ir a la web de la Universidad y en la parte superior, o inferior de la web, encontrarás el icono de LinkedIn, y al hacer clic te llevará al perfil de la universidad de LinkedIn. Ahí copias el nombre como esté escrito, y al ponerlo te aparecerá en el listado. https://www.linkedin.com/school/15106496/

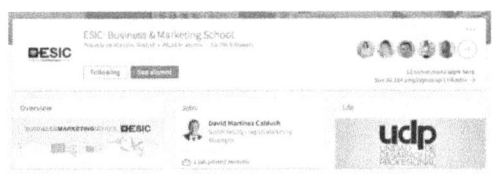

Si no lo encuentras en la web, contacta con ellos directamente.

Capítulo 11

Perfil – Aptitudes y Validaciones

Los profesionales que tienen habilidades en sus perfiles de LinkedIn, reciben un promedio de 13 veces más visitas del perfil, que los que no las tienen.

- Linkedin

Podemos decir sin equivocarnos, que estamos ante unos de los bloques más importantes, y que pueden tener más impacto en tu perfil de LinkedIn.

En este apartado, vamos a indicar cuáles son nuestros conocimientos y aptitudes, que sabemos hacer.

Actualmente en los CV, en la parte de formación (que es muy importante), está aumentando el peso la parte de "que sabes hacer realmente", las empresas están haciendo un cambio en la forma de entrevistar y analizar a los profesionales.

"El expediente académico no sirve para nada"

- Laszlo Bock, vicepresidente de Recursos Humanos de Google

Noticia completa de Laszlo Bock

https://www.elconfidencial.com/alma-corazon-vida/2013-06-28/el-expediente-academico-no-sirve-para-nada-asegura-el-responsable-de-rrhh-de-google_501910/

Desde que, en septiembre del 2012, LinkedIn introdujo la opción de validar las habilidades y conocimientos de otros profesionales (que debes ser tu nivel 1), en el 2016 ya se habían hecho más de 2.000 millones de validaciones.

Las validaciones de aptitudes son una buena forma de reconocer las aptitudes de tus contactos de nivel 1, aquellas que conozcas que son verdad. También van a permitir a tus contactos de nivel 1 validar las tuyas, bien usadas te ayudarán a la creación de tu marca profesional.

Las personas que tienen al menos 5 habilidades puestas, reciben al menos x17 más visitas a su perfil

- LinkedIn

Cuando hablamos de aptitudes y conocimientos, tenemos que diferenciar entre los hard y soft (duros y blandos), por una parte,

Capítulo 11: Aptitudes y Validaciones

vas a tener conocimientos de ofimática, Excel avanzado, etc. y, por otra parte, trabajo en equipo, gestión de conflictos, etc.

Al lado de cada aptitud, verás que aparece una cifra, que es la cantidad de personas que han indicado que sabes sobre ese tema, la cifra máxima que aparece es 99.

Ocho de las 10 habilidades que más han crecido en popularidad en la clasificación en el 2013-2014, no son técnicas, y casi la mitad de éstas, estaban relacionados con la salud.

- LinkedIn

11.1 Trabajo previo

Antes de ponerte a escribir en todo lo que eres bueno, vamos a planificarnos y hacer un trabajo previo para hacerlo bien.

Para empezar vamos, me refiero a ti ;-), a hacer un listado de al menos, 15-20 palabras que describan que sabes hacer, siempre desde un punto de vista profesional, si tienes más mejor, el máximo son 50.

1	11
2	12
3	13
4	14
5	15
6	16
7	17
8	18
9	19
10	20

Capítulo 11: Aptitudes y Validaciones 165

 Piensa qué sabes y en qué quieres que te localicen.

 Haz un listado de tus funciones, en cada uno de tus puestos.

Detalla las aplicaciones que sabes usar: Office, G-Suite, SolidWorks, InDesign, SAP, Salesforce, Hootsuite, Zoho, Google Ads, etc. Habilidades: Gestión de equipo, cierre de ventas, etc.

Visita varios profesionales como tú, para ver cuáles son las que ellos han puesto. Las que sepas, las puedes poner si te interesan, y las que no sabes, pueden darte una idea de qué debes de aprender.

Sé muy estricto, y pon solamente aquello que sepas realmente. Te recomiendo para empezar, te pongas entre 15-20, y los 5 primeros debes de ordenarlos por importancia.

11.2 Añadir la sección

Si no encuentras esta sección en tu perfil, la puedes añadir. Al entrar en tu perfil, en la parte superior derecha verás este botón azul.

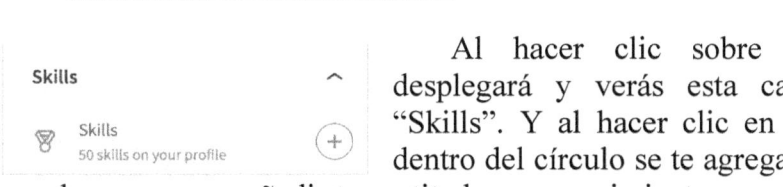

Al hacer clic sobre él, se desplegará y verás esta categoría "Skills". Y al hacer clic en el más dentro del círculo se te agregará y ya puedes empezar a añadir tus aptitudes y conocimientos.

11.3 Añadir aptitudes, eliminarlas y ordenarlas

Otro de las secciones que ha recibido muchos cambios, ha sido esta, como puedes ver, ahora solamente se muestran las tres primeras aptitudes / conocimientos, y en la parte de la derecha aparecen las personas que te han validado (solamente contactos nivel 1), indicando que eres bueno en esa aptitud / conocimiento.

Si hacemos clic en ver más, se despliega y nos aparece como puedes ver en esta imagen, todas las aptitudes con las validaciones.

Capítulo 11: Aptitudes y Validaciones

11.3.1 Añadir aptitudes

En la parte superior derecha de la sección de Aptitudes verás la frase "Add a new skill" Añadir un nuevo conocimiento.

Add a new skill

Al hacer clic nos aparecerá una pantalla para añadirlas, a medida que escribas la palabra, LinkedIn te va buscando aptitudes y conocimientos para ayudarte a que te sea más fácil, puedes seleccionarlo de los resultados, o escribir lo que quieras.

11.3.2 Cambiarlos de orden

Add a new skill

Al hacer clic en el lápiz azul que hay en la parte superior derecha, nos aparecerá una pantalla con el listado de palabras que hayas introducido, en la parte derecha del listado, verás un icono a rallas para cada palabra, haciendo clic y arrastrar hacia arriba y abajo, podrás cambiarlas de orden.

Reorder

11.3.3 Eliminar las aptitudes

Para quitar alguna de las que has puesto, debes pulsar el lápiz azul, y cuando aparece en el listado, a la izquierda de cada término, tienes una X. Recuerda que no hay opción de deshacer, y las validaciones que te han hecho las personas se pierden, sin posibilidad de recuperarlas.

✕   Social Media Strategist · 59

✕   Hootsuite · 86

11.3.4 Configurar las validaciones

Al pulsar el lápiz azul en la sección de Aptitudes y Validaciones, en la pantalla, donde aparece el listado de todas nuestras aptitudes, bajo del todo a mano izquierda, tenemos esta opción.

Adjust endorsement settings

Esta opción nos permite configurar la forma en que vamos a dejar que se validen nuestras aptitudes, al hacer clic llegamos a esta pantalla.

Endorsements

Manage how you receive and give endorsements

I want to be endorsed — Yes

Include me in endorsement suggestions to my connections — Yes

Show me suggestions to endorse my connections — Yes

Las tres opciones que nos muestra son:

| I want to be endorsed | Yo quiero que las personas me puedan validar | Te recomiendo que actives esta opción porque, es importante el número de validaciones en cada una de las aptitudes. |

Include me in endorsement suggestions to my connections	Inclúyeme en las sugerencias De mis contactos para que me validen	LinkedIn, de una forma automática, muestra las aptitudes de tus contactos nivel 1. Pidiéndote que, si sabes que son buenos en eso, que los valides. Con esta opción le pedimos a LinkedIn que nos muestre a nuestros contactos nivel 1 para que nos puedan validar.
Show me suggestions to endorse my connections	Muéstrame sugerencias de validaciones de mis contactos	Para que LinkedIn nos muestre aptitudes de nuestros contactos nivel 1, para poder validarlos.

Como mínimo deberías de tener la primera activada, en mi caso puedes ver que tengo las tres activadas.

11.3.5 Quién me ha validado y ocultarlo

Al lado de la aptitud, además de aparecer el número, se muestra la foto de la persona que nos ha validado, podemos, por una parte, saber exactamente las personas que nos han validado, y, además, podemos controlar quienes queremos que aparezcan y cuales nos, con la posibilidad de ocultarlos.

Al estar en la sección de Aptitudes y Validaciones, hacemos clic sobre una de nuestras aptitudes, en mi caso lo haré sobre Hootsuite.

Al hacer clic sobre el nombre o sobre la cifra, nos aparecerá esta pantalla, que son todas las personas que me han validado este conocimiento.

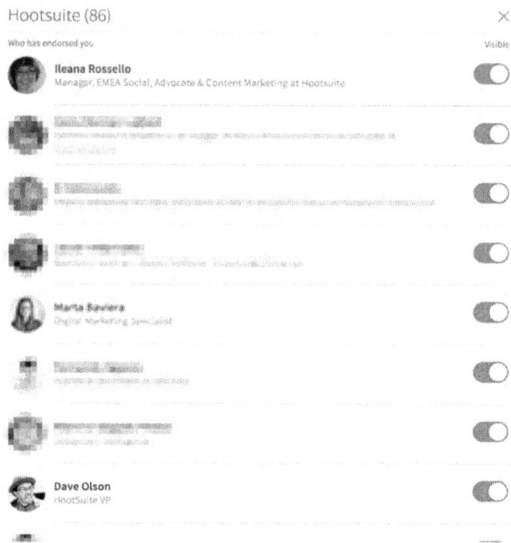

Al lado de cada nombre, verás un botón azul para hacer visible a esa persona, u ocultarla.

11.4 Estadísticas

Con el objetivo de darte la mayor cantidad posible de datos e información, y no hacer aquí un capítulo entero con datos y más datos, que además es necesario ir actualizando, te he creado una libreta en Evernote para que puedas acceder a todas las infografías y datos sobre las últimas tendencias de las aptitudes en LinkedIn.

https://www.evernote.com/pub/davidmcalduch/linkedinskillsandendorsements

Para poder acceder, no hace falta que estés dado de alta en Evernote, entrando desde tu navegador puedes acceder a la información que dejo

Capítulo 11: Aptitudes y Validaciones

ahí, y cada vez que entres, tendrás la última versión de lo que haya incluido.

Si quieres darte de alta en Evernote (es gratis), puedes hacerlo desde aquí www.solucionafacil.es/elefante y así tener una copia actualizada de la información en tu ordenador, Smartphone o Tablet, de todo el material que voy almacenando ahí.

Los datos que te he recopilado te van a venir muy bien, porque vas a tener las tendencias de cuáles son las aptitudes más demandas, a nivel global y por países. Debes de tener en cuenta, que no son las mismas en cada país, y deberás de analizar en el país que te encuentras o al que quieres ir a trabajar.

Estas son las que he incluido en la libreta de Evernote (verás que hay dos específicas para búsqueda de empleo):

- Aptitudes que más crecen 2014-oct
- Las 25 aptitudes más potentes en el 2014
- Las 25 habilidades más importantes para ser contratado en el 2017
- Millones de validaciones en menos de 6 meses 2013-feb
- Las 25 aptitudes que te pueden ayudar a que te contraten en 2016

11.5 Gestión desde el Smartphone
11.5.1 Validar aptitudes

Con las nuevas versiones de la App de LinkedIn, entre sus muchas mejoras, ahora podemos validar las aptitudes de nuestros contactos. Abrimos nuestra aplicación en nuestro Smartphone, y entramos en el perfil de uno de nuestros contactos nivel 1.

Hacemos clic en "See 7 more skills" Ver 7 aptitudes más.

Y nos aparecerá esta pantalla con el listado completo.

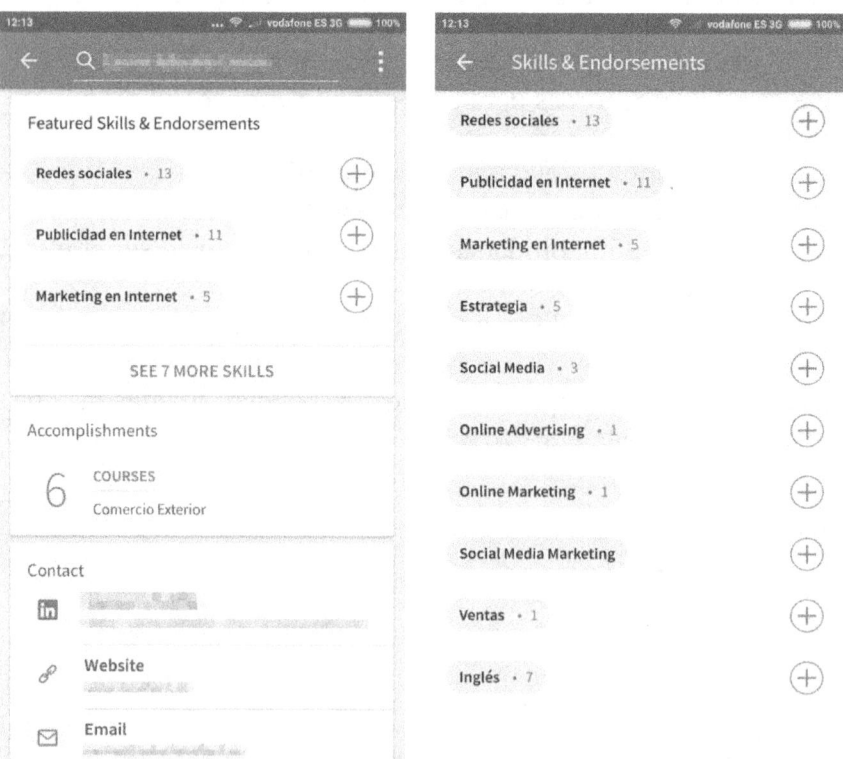

Para validar las aptitudes, podemos hacerlo en cualquiera de las dos pantallas, pulsando sobre el + dentro del círculo, y podemos validar todas las que queramos.

Capítulo 11: Aptitudes y Validaciones   173

11.5.2 Gestionar nuestras aptitudes

Con la App de LinkedIn, puedes hacer todo lo que hemos visto sobre aptitudes y validaciones, darlas de alta, cambiarlas de orden, borrarlas, etc.

Entramos en nuestro propio perfil y bajamos hasta ver la sección.

Hacemos clic en ver más.

Nos aparece esta pantalla con el listado de todas nuestras aptitudes, hacemos clic sobre el más de color blanco que tenemos arriba a mano derecha, nos permite agregar nuevos, y el lápiz azul es para gestionarlos. Al hacer clic en el lápiz azul vamos a la otra pantalla.

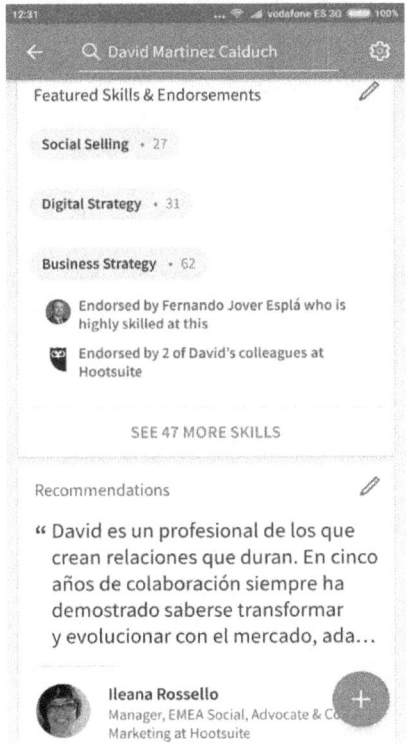
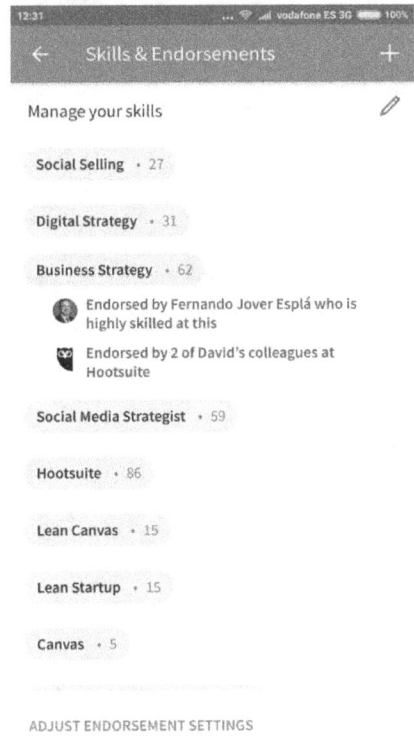

Al aparecernos esta pantalla, podemos borrar los que no queramos, y cambiarlos de orden.

En todas las pantallas, verás que está bajo del todo la opción "Adjust endorsement settings" que te lleva a esta pantalla, que ya hemos visto.

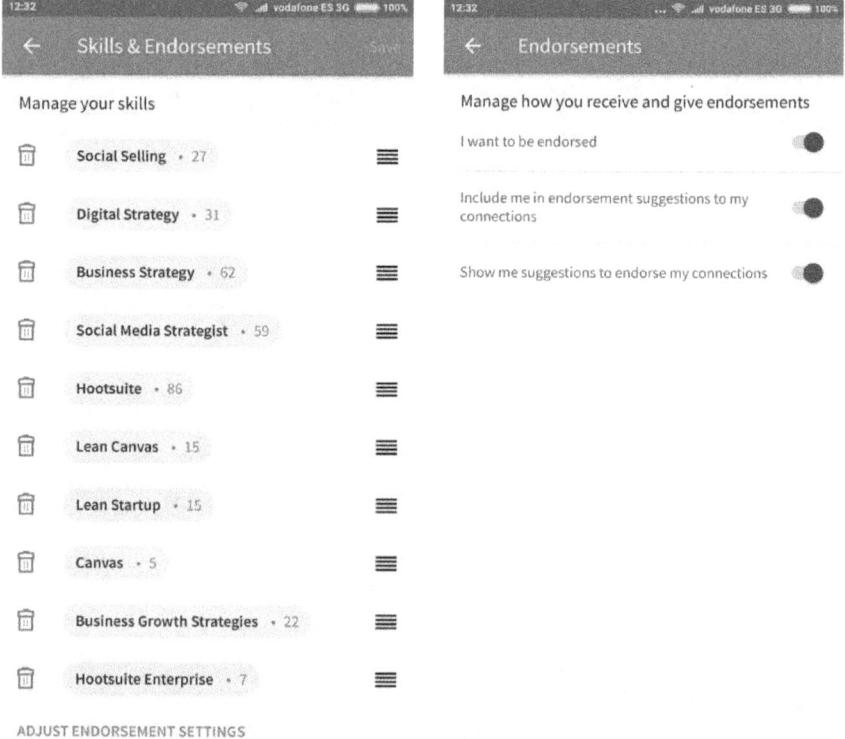

11.6 Búsqueda de empleo

> *Los reclutadores destinan 60 segundos, para leer las aptitudes y validaciones.*
>
> *- LinkedIn*

Esta sección que estamos viendo, es muy importante para darle información de valor a los reclutadores, céntrate realmente en las aptitudes que quieres hacer destacar, recuerda que menos, es más.

Indica en cuales eres bueno, y eres capaz de aportar valor, por supuesto tienes que poder demostrarlo.

Revisa la libreta de Evernote que te he compartido, donde tienes muchos datos relacionados sobre que aptitudes son más potentes, y cuales se buscan en tu país.

Aquí tienes las aptitudes más importantes a nivel global para las personas en búsqueda de empleo, ahora tienes que ver cuáles son las de tu país.

The Top Skills of 2016 on LinkedIn
Global

1. Cloud and Distributed Computing — 0	6. Network and Information Security — +1
2. Statistical Analysis and Data Mining — 0	7. Mobile Development — -1
3. Web Architecture and Development Framework — +6	8. Data Presentation — NR
4. Middleware and Integration Software — +1	9. SEO/SEM Marketing — -5
5. User Interface Design — +5	10. Storage Systems and Management — -2

11.7 Impedir que alguien nos valide

No existe una función específica para impedir que una persona nos pueda validar, la única forma de hacerlo es que no sea contacto nivel 1 nuestro.

Para ello tenemos dos posibilidades:

1. Ocultar sus validaciones, como ya has visto.
2. Eliminarla de tu agenda de contactos.

Para eliminarla de tu agenda de contactos (no le va a llegar ninguna notificación) debes de seguir los siguientes pasos:

2.1 En el menú superior vamos a Network / Red de Contactos y hacemos clic.

2.2 En la parte de la izquierda de la pantalla, aparece la cantidad de contactos que tenemos, hacemos clic en "See all" Ver todos.

10,815
Your connections
See all

2.3 Nos aparecerá un listado con nuestros contactos, en la parte derecha de cada contacto, tenemos un botón para mandarle mensajes, y otro botón con tres puntos, si hacemos clic sobre ese botón nos aparece la opción de "Remove connection" Eliminar.

11.8 Validaciones duplicadas

Las personas de forma pro activa, pueden validarte sobre las aptitudes que tú has puesto, pero también pueden sugerir nuevas, y a veces puede ocurrir que se dupliquen.

No es posible juntar dos aptitudes, es decir, si tenemos dos aptitudes iguales, y en cada una de ellas, tenemos varias validaciones de personas, tenemos que elegir con cual nos quedamos, y la otra la tenemos que eliminar y perder esas validaciones.

Si no quieres perder ninguna de las validaciones de las dos aptitudes (repetidas), no te queda más remedio que dejar las dos.

11.9 Validar y des validar

Para validar las aptitudes de una persona (tiene que ser contacto nivel 1 nuestro), solo tenemos que ir a su perfil (ordenador, Smartphone o Tablet), buscar la sección de Aptitudes, y pulsamos en el símbolo más para validad, y si volvemos a pulsar en una de las validaciones, la des validamos.

Capítulo 12

Perfil – Recomendaciones

Deja que tus clientes hablen por ti.

Conseguir recomendaciones, ya te anticipo que es un trabajo muy complicado. Pero como beneficio al esfuerzo, te puedo asegurar que el impacto positivo que puede hacer en tu perfil, vale la pena el trabajo que cuesta conseguirlas.

¿Qué mejor forma de que alguien se informe de ti, que al visitar tu perfil pueda leer lo que opinan tus clientes de ti? Como puedes ver, aparece la foto de la persona, nombre y apellidos, y el cargo.

12.1 Mientes más que una recomendación de LinkedIn

Supongo que te habrá sorprendido el título de este punto, pero lo más importante es dejar las cosas bien claras, y que seas consciente de lo que llevamos entre manos.

Aquí lo que estamos trabajando es tu carrera profesional, y es tu absoluta responsabilidad lo que hagas o dejes de hacer.

Hay personas que, en su afán de querer acelerar su carrera profesional, se inventan cosas, hay personas que falsifican títulos universitarios, etc. y como no, hay personas fantasiosas con las recomendaciones. El uso que le des a esta fabulosa herramienta depende de ti.

12.1.1 El mal uso de las recomendaciones

¿Qué te parece un CV falso? ¿Qué opinión te merece esa persona? Y ¿qué opinión te da un profesional que juega con las recomendaciones?

He visto profesores impartiendo sesiones de LinkedIn, y al acabar la sesión, decirles a los alumnos que les va a hacer una recomendación a cada uno porque eso siempre va bien en el perfil, vergüenza ajena.

A quién no puedes pedir una recomendación:

- A tus subordinados, porque estás en una posición de poder, y por lo tanto no van a ser creíbles esas recomendaciones.
- A tus compañeros, y tú a ellos, va a parecer que estéis jugando a cartas.

Esto es uno de los muchos ejemplos que he ido viendo por mí mismo, pero como te digo, es tu carrera profesional y cada uno demuestra quien es por sus acciones.

12.1.2 El buen uso de las recomendaciones

¿Qué te parece un perfil donde los clientes dan su opinión sobre esa persona?

A quién puedes pedir una recomendación:

- A tus clientes, ellos tienen la sartén por el mango, y por lo tanto puede dar su opinión libremente.
- A tus jefes de equipo, y a tus jefes, a estos últimos el protocolo es pedir la recomendación cuando ya has dejado la compañía.

Cuidado en pedir una recomendación a tu jefe, porque lo primero que va a pensar, es que te vas a ir de la empresa.

12.2 Cómo pedirla paso a paso

Para pedir una recomendación tenemos que seguir estos pasos:

- Solamente podemos pedir una recomendación a una persona que sea contacto directo (nivel 1), no cabe ni decir, que tiene que estar dado de alta en LinkedIn.
- Tenemos que visitar su perfil, y en la parte superior derecha, hay un icono formado por tres puntos, al hacer clic se nos muestra un menú, y la penúltima opción es "Request a recommendation" "Pedir una recomendación".

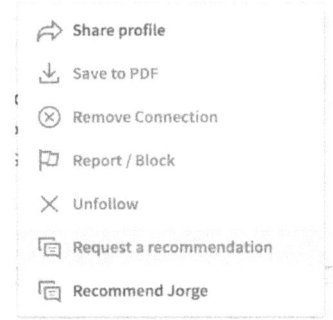

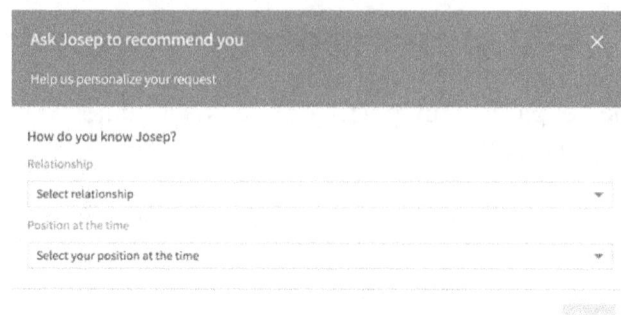

- Ahora lo que tenemos que hacer es indicar que tipo de relación de trabajo teníamos.

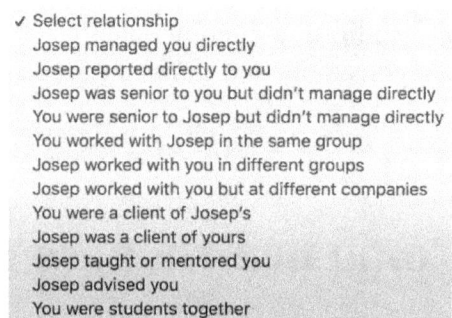

- Y en qué puesto de trabajo estaba esa persona cuando coincidimos.

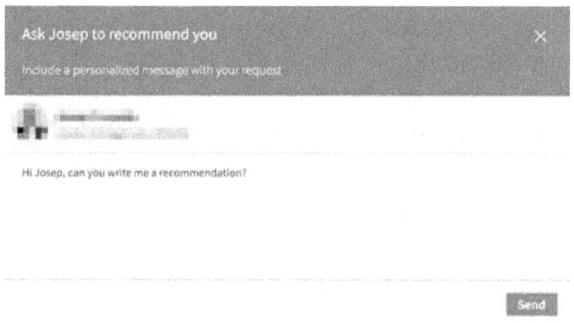

- Y ahora tenemos que detallar sobre qué queremos que nos recomienden.

Es importante especificar sobre qué proyecto, qué hicimos nosotros (que es lo sobre lo que nos tienen que recomendar).

12.3 Cómo hacer una recomendación

En esta vida hay que ser generosos, y si has trabajado con algún profesional que se merezca un reconocimiento por su labor, es importante reconocerlo públicamente. No se trata de ir haciendo recomendaciones sin ton ni son, pero sí a aquellas personas que se lo merezcan.

Cuando visitas un perfil, en el mismo botón donde pides una recomendación, en la última opción podemos hacer nosotros una, que le llegará a la persona.

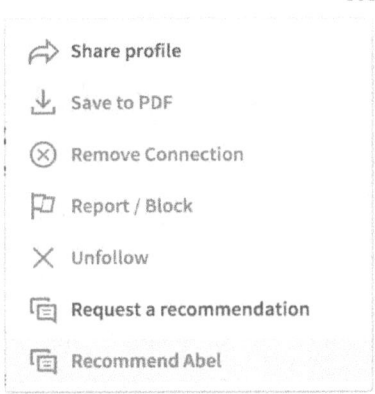

Importante:

- Haz la recomendación solamente si su desempeño ha sido ejemplar, no solamente por haber hecho su trabajo.
- Sé sincero y di exactamente por qué recomiendas a esa persona.
- Solo la verdad, si tienes dudas no la hagas.

12.4 Gestionar las recomendaciones

En la sección de recomendaciones, tenemos las recibidas, las hechas por nosotros a otras personas, y en la parte de la derecha tenemos el lápiz azul.

12.4.1 Recibidas

Al hacer clic nos aparecerá esta pantalla.

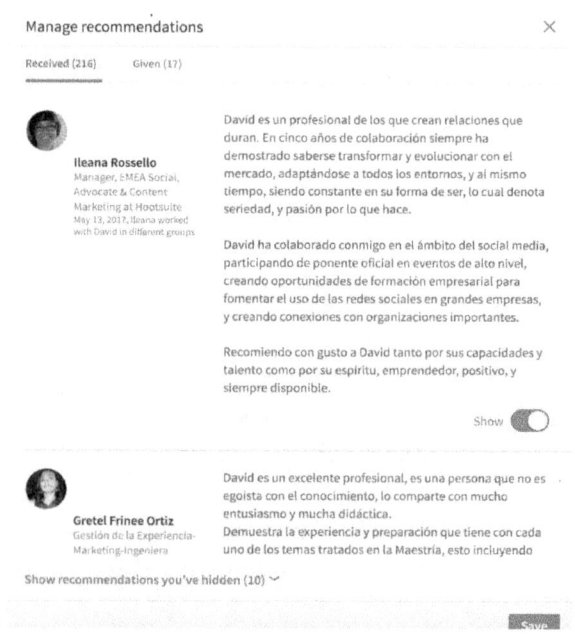

Aquí tienes las recomendaciones que te han hecho, y debajo de cada recomendación a mano derecha, puedes hacer que esa recomendación se vea en tu perfil o no.

Capítulo 12: Perfil – Recomendaciones

12.4.2 Hechas

Si hacemos clic en "Given" las que nosotros hemos hecho, también las podemos gestionar.

En cada recomendación que hemos hecho, tenemos el control para poderla borrar, y en la derecha podemos indicar, si queremos que la recomendación se vea en nuestro propio perfil.

12.7 Mover recomendaciones

Las recomendaciones van vinculadas a un puesto de trabajo o a unos estudios, así que, si eliminamos ese puesto de trabajo o ese estudio, la recomendación se queda huérfana.

Para reasignar la recomendación, tienes que entrar a modificar la recomendación, y entonces seleccionas a qué puesto o estudios corresponde.

12.6 Diferencia entre Validaciones y Recomendaciones

Una validación de aptitud es una forma en la que tus contactos de nivel 1 pueden validar con un clic las aptitudes que has puesto en tu perfil, y que ellos saben que eres bueno. Es muy rápido y fácil.

Y una recomendación es un texto escrito por esa persona donde aparece su comentario positivo sobre ti, su foto y cargo, además de que podemos pedirlas.

Capítulo 13

Perfil – Logros

El 35% de los profesionales se sienten incómodos al explicar sus logros.

- LinkedIn

Como no puede ser de otra manera, esta sección también ha recibido grandes cambios. El mayor de todos es que ahora se muestran todos los bloques juntos en un solo lugar llamado logros, como puedes ver a continuación.

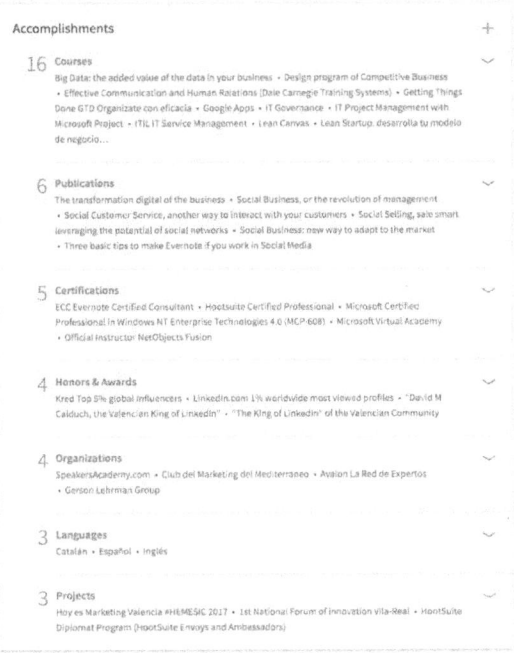

13.1 Como añadir secciones de logros

En la parte superior del todo de nuestra página del perfil, en la parte superior derecha, tenemos un botón para añadir más secciones.

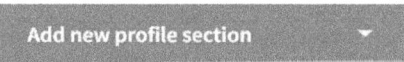

Al hacer clic en el botón se nos desplegarán tres bloques, y dentro de cada uno, tenemos diferentes opciones para agregar a la sección de logros.

Capítulo 13: **Perfil – Logros**

Ahora solo tienes que pulsar en el signo más, al lado de la sección de logros para agregarla.

Otra forma de añadir más módulos en la sección de "Accomplishments" Logros, al estar en esa sección, en la parte superior derecha, tiene un más de color azul, que al hacer clic se despliega un menú con las opciones.

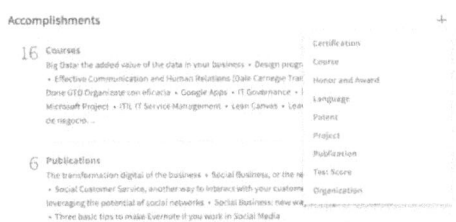

Mi recomendación es que agregues todos los que puedas.

13.2 Cursos

Así es como se ve ahora el módulo de cursos.

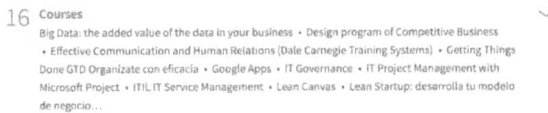

Si hacemos clic en la flecha superior derecha, se despliega el módulo y se ve así.

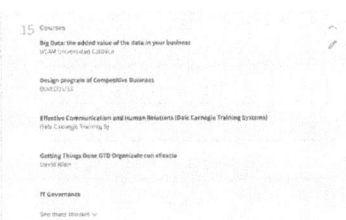

Siguiendo el mismo funcionamiento que en el resto de las secciones que hemos visto, al desplegarse nos muestra solamente 5 cursos, y para ver 5 más hay que pulsar el texto de abajo "See more courses".

13.2.1 Añadir Cursos

Hacemos clic en el más de "Accomplishments", y seleccionamos "Course".

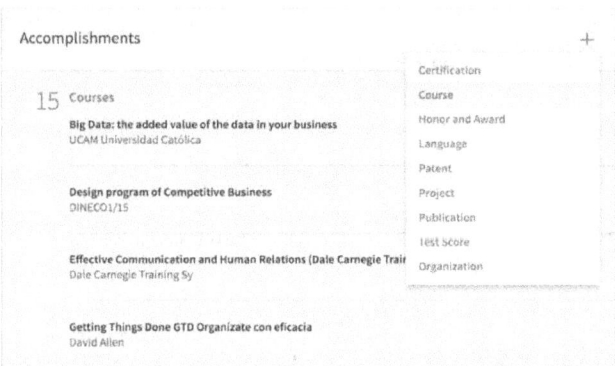

Al hacer clic en "Course", nos aparece esta pantalla para agregar el nuevo curso.

Course name: el nombre del curso

Number: si el curso tiene algún tipo de código o número

Associated with: si está relacionado con algún puesto de trabajo, por ejemplo, un curso que nos ha hecho la empresa internamente.

"Share profile changes", si quieres que al añadir este curso se publique y lo sepan tus contactos nivel 1. Al añadir un curso, lo pone el último.

Capítulo 13: **Perfil – Logros**

13.2.2 Modificar Cursos

Al lado de cada curso, al ponerte encima, verás que en la parte de la derecha aparece un lápiz de color azul.

Y al hacer clic, nos aparece la ficha del curso para poder modificarlo.

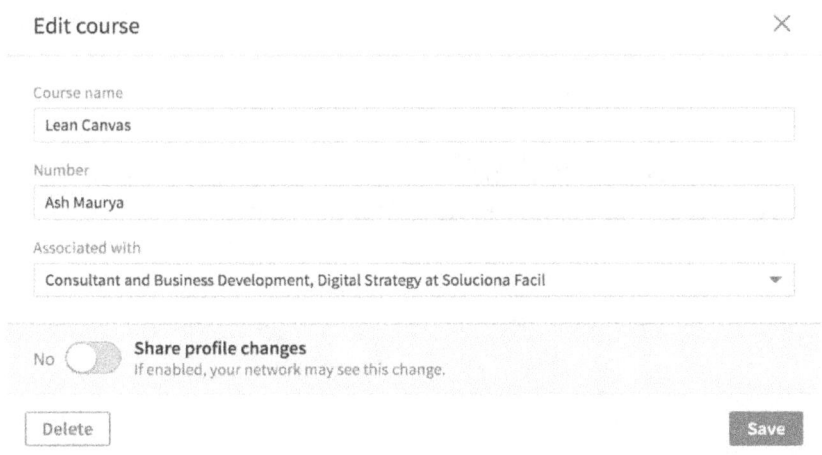

Cuando hemos acabado pulsamos "Save" Guardar.

13.2.3 Eliminar Cursos

Al lado de cada curso, al ponerte encima verás que en la parte de la derecha aparece un lápiz de color azul, y al entrar en la ficha del curso, bajo del todo a mano izquierda, tienes el botón "Delete" Eliminar.

13.2.4 Ordenar Cursos

No existe la opción de poder ordenarlos.

13.3 Publicaciones

En este módulo puedes dar de alta las publicaciones que tienes hechas, y en el medio offline / online lo has publicado.

13.3.1 Añadir publicaciones

En la sección "Accomplishments" pulsamos en el signo más de color azul, y seleccionamos "Publication".

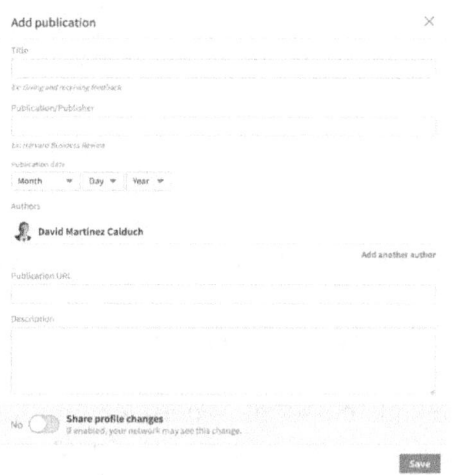

Ahora tenemos que ir introduciendo todos los campos, el título de la publicación, en qué publicación ha aparecido, en qué fecha se publicó, si lo hemos hecho con otras personas, la URL de la publicación, la descripción explicando qué hemos escrito en esa publicación, y el resto de opciones son igual que en Cursos, si queremos que se publique y se lo notifiquen a nuestros contactos nivel 1, después pulsamos guardar.

13.3.2 Modificar y eliminar publicaciones

El funcionamiento es exactamente igual que como hemos visto en Cursos.

13.3.3 Cambiar de orden a los autores

En la versión anterior de LinkedIn (antes del 2017) se podían cambiar de orden, en estos momentos no se puede.

13.4 Certificaciones

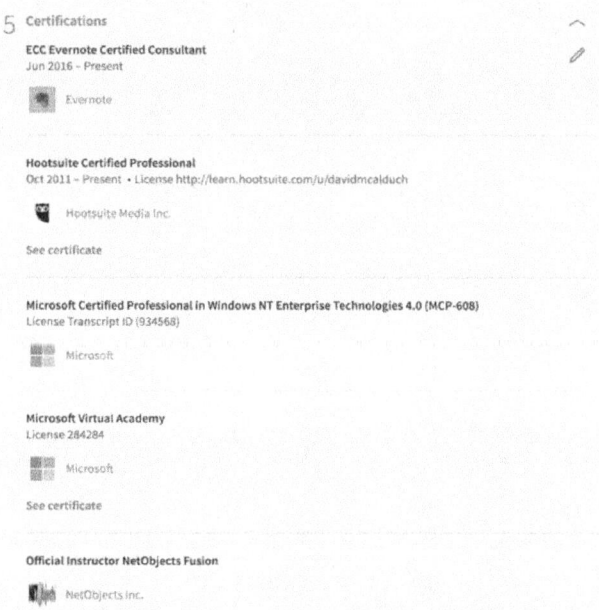

Aquí daremos de alta aquellas certificaciones que tenemos, podemos incluir el ID de la certificación e incluso la URL, el funcionamiento es el mismo que cursos y publicaciones.

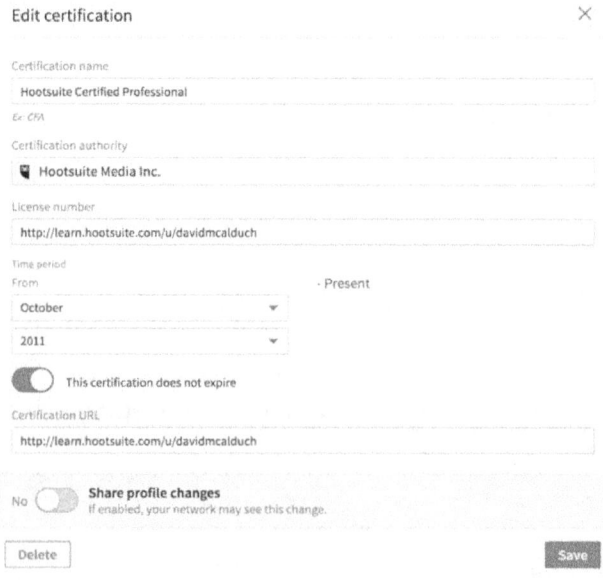

13.5 Honores y premios

En esta sección tienes que dar de alta aquellos premios y reconocimientos que hayas conseguido.

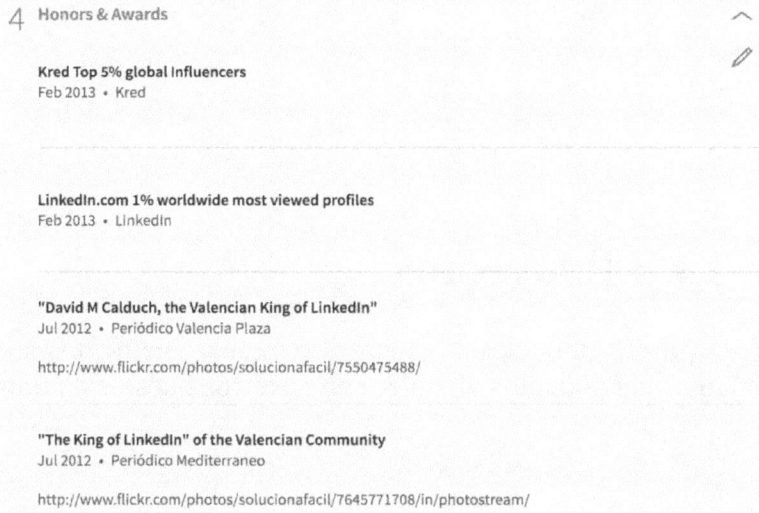

13.6 Organizaciones

Aquí puedes añadir aquellas asociaciones y organizaciones a las que perteneces.

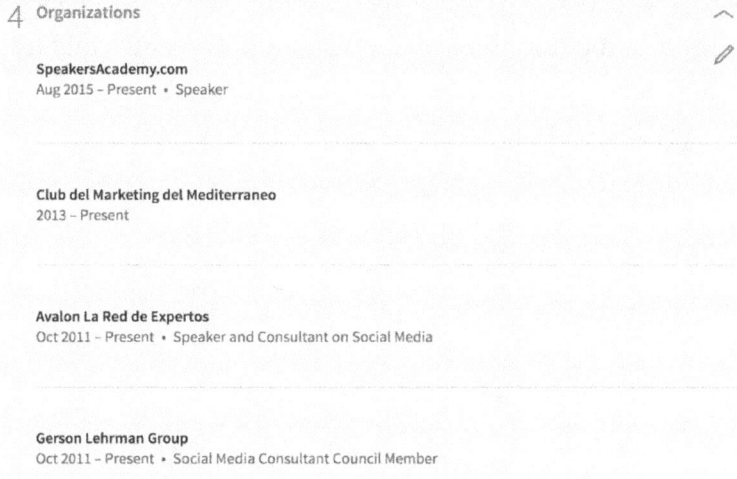

13.7 Idiomas

Aquí puedes indicar qué idiomas sabes y cual es nivel que tienes.

13.8 Proyectos

Aquí podemos dar de alta los proyectos que hemos realizado, y además los podemos vincular con nuestros puestos de trabajos.

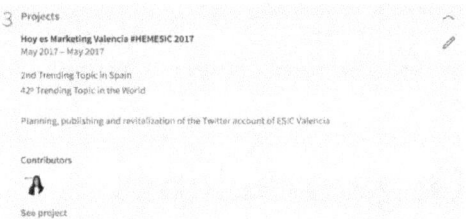

13.9 Patentes

En este módulo puedes dar de alta, las patentes que tengas.

13.10 Puntuaciones

En este módulo, puedes dar de alta las puntuaciones que quieres que se conozcan.

13.11 Voluntariado

En este módulo puedes detallar tu experiencia en Voluntariado.

13.12 Intereses

Aquí podemos gestionar a que/quien seguimos, para que aparezcan sus publicaciones en nuestro muro.

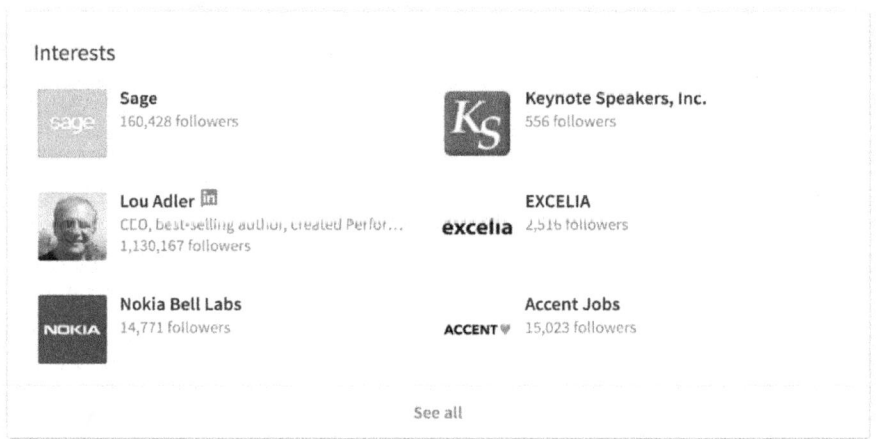

Al pulsar "See all" Ver todo, vemos cuatro categorías Influencers, Empresas, Grupos y Universidades, y tenemos el botón para dejar de seguirlos.

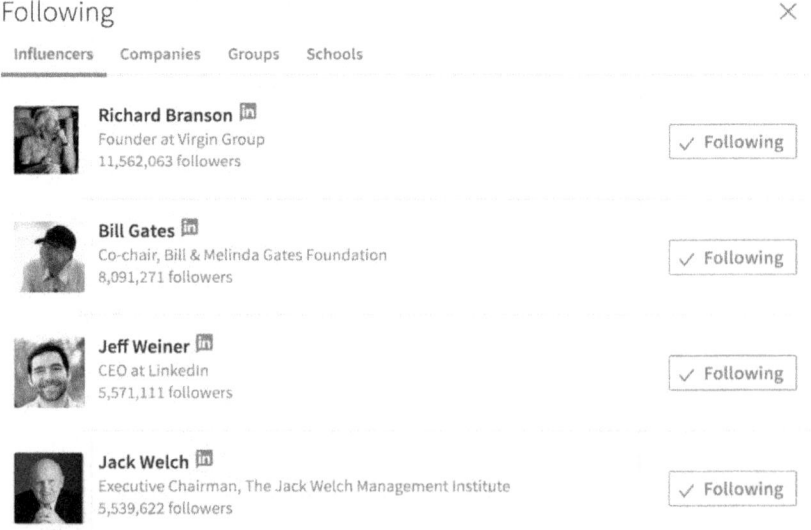

Capítulo 14

Perfil en varios idiomas

Si tienes pensado posicionarte a nivel internacional, para hacer negocios, búsqueda de empleo, etc. Mi consejo es que hagas tu perfil bien hecho en castellano, y una vez lo tengas todo hecho, que lo crees mínimo en Ingles. Si sabes otros idiomas también.

14.1 Idiomas disponibles

Actualmente LinkedIn nos permite crear nuestro perfil en 19 idiomas diferentes, a continuación, puedes ver mi perfil en chino y en ruso, en total yo lo tengo en 5 idiomas incluido español, francés e inglés.

Aquí puedes ver mi perfil en chino

https://www.linkedin.com/in/davidmcalduch/?locale=zh_CN

Aquí puedes ver mi perfil en ruso

https://www.linkedin.com/in/davidmcalduch/?locale=ru_RU

Estos son los idiomas disponibles para hacer tu perfil.

Capítulo 14: Perfil en varios idiomas

14.2 Crear el perfil en otro idioma

Cuando estamos en la página de nuestro perfil, en la parte superior derecha, tenemos un menú desplegable donde tenemos los idiomas en los que está nuestro perfil, en mi caso, español, chino, ruso, francés e inglés, y la última opción es crear el perfil en un nuevo idioma.

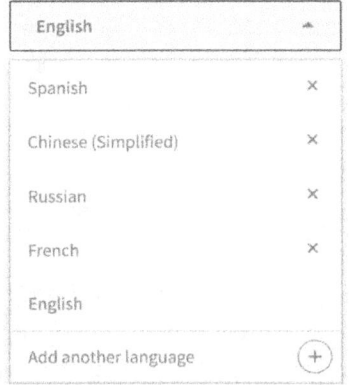

Al hacer clic en "Add another language", nos aparece esta pantalla.

Tenemos un desplegable "Language", para seleccionar en qué idioma lo queremos crear, los 19 idiomas que te comentaba.

Al indicarle qué idioma queremos, por ejemplo "Deutch" alemán, nos crea el perfil con toda la estructura que tenemos hecha, puestos, estudios, etc. pero todo en blanco, y somos nosotros los que tenemos que escribirlo en alemán.

Además, hay que añadir el problema, de que el Perfil de LinkedIn es algo que está vivo y lo vamos actualizando, con lo que se multiplica el trabajo, ya que hay que repetir esa actualización en cada uno de los idiomas.

14.2 Eliminar idiomas

En el mismo menú desplegable, en la parte de la derecha vemos la X que nos permite borrar el idioma. Recuerda que no hay deshacer y se pierde totalmente la información escrita en ese perfil.

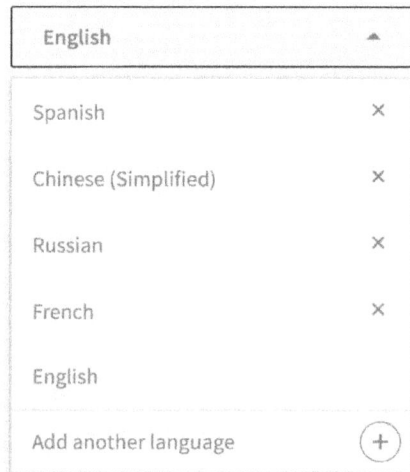

Capítulo 15

Tipos de cuentas Premium de LinkedIn

Existen varios tipos de cuentas Premium (de pago de LinkedIn), todo lo que has visto en este libro es posible hacerlo todo con la versión gratuita.

Ahora vamos a ver los tipos de cuentas Premium que hay, y cuál es el objetivo de cada una de ellas. A continuación, tienes la URL donde LinkedIn tiene la información de todos los tipos que existen.

https://www.linkedin.com/premium/products

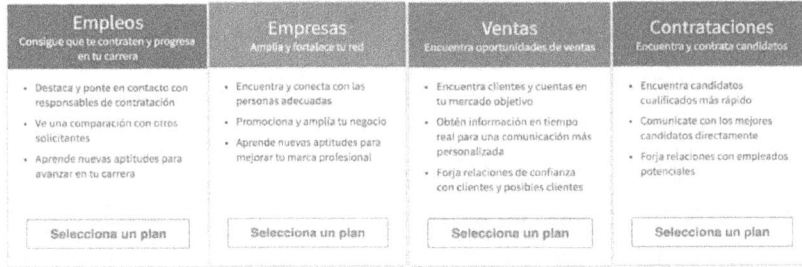

Dentro de cada una de ellas, existe 3 ó 4 variantes.

LinkedIn han creado una página, para la gestión de todos los servicios de la cuenta Premium que tengas contratada, para acceder a ella, tienes que ir al menú superior derecha donde aparece tu foto, y al hacer clic seleccionamos "Access My Premium".

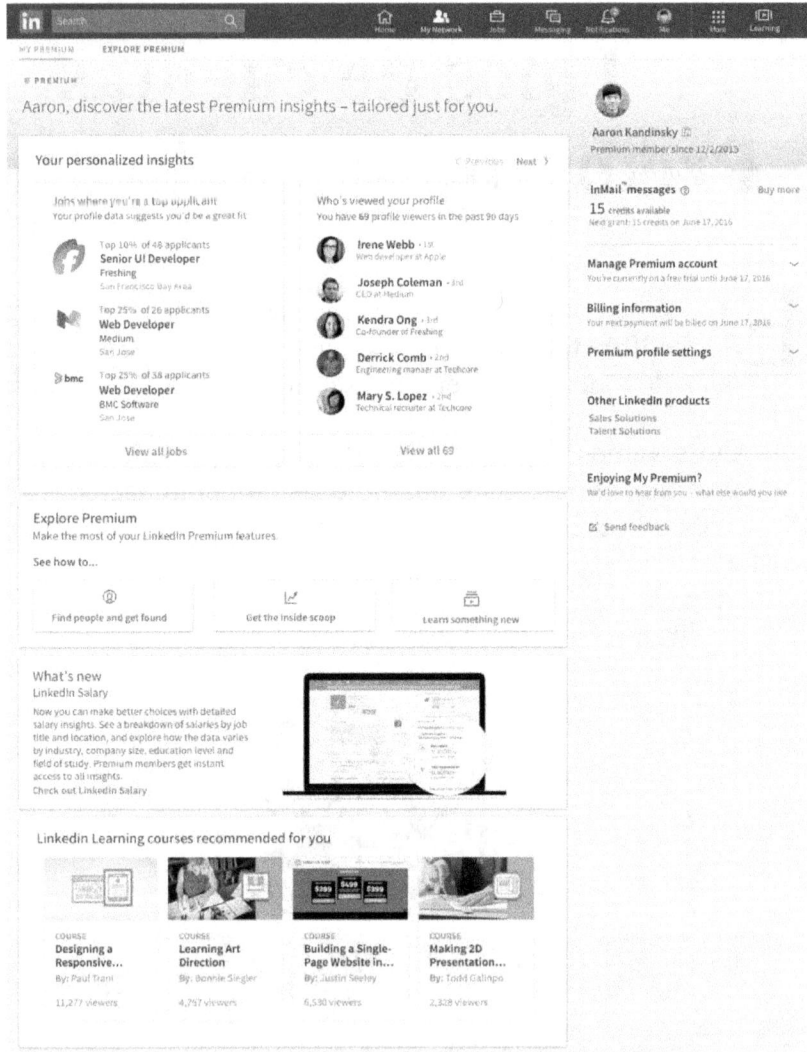

Independientemente de la versión Premium que contrates, sino haces un buen trabajo con tu perfil, vas a perder oportunidades.

Capítulo 15: Tipos de cuentas Premium de LinkedIn

15.1 Búsqueda de empleo

Uno de los tipos de cuenta Premium, es una específica para las personas que se encuentran en situación de búsqueda de empleo.

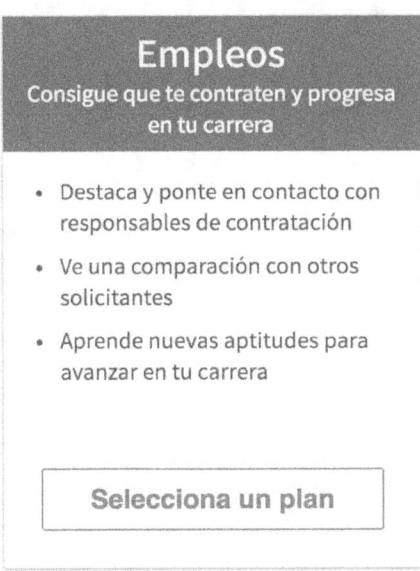

Las funcionalidades de Premium Career:

- Según las estadísticas de LinkedIn, las personas con este tipo de cuenta son contratados 2 veces más rápido de media.
- 3 mensajes de InMail al mes para poder contactar con los reclutadores, aunque no sean contactos nivel 1.
- Acceso a las estadísticas completas (90 días y cómo te encontraron) de quien ha visto tu perfil.
- Aparecer como Candidato destacado, en los resultados de las búsquedas de los reclutadores.
- Aparecer arriba del todo en la lista de candidatos.
- Acceso a la información estadística de los candidatos, que se han apuntado a los puestos de trabajos.
- Comparativa entre tú y los otros candidatos.
- Cursos en vídeo online.
- Un mes gratis, la cuenta básica es de 26,61 €*/mes.

15.2 Empresas

Esta cuenta está pensada para profesionales que quieren generar una red de contactos, y hacer negocios.

Funcionalidades de Premium Business:

- Según los datos de LinkedIn, los profesionales con esta cuenta consiguen de promedio 6 veces más visualizaciones del perfil.
- 15 mensajes InMail al mes.
- Acceso a las estadísticas completas (90 días y cómo te encontraron) de quien ha visto tu perfil.
- Información ampliada de los perfiles de empresa, el crecimiento de la empresa y sus tendencias, incluidas contrataciones.
- Visualización ilimitada de perfiles.
- Acceso a todos los perfiles en las búsquedas, incluso los de 3er grado.
- Cursos en vídeo online.
- Un mes gratis, la cuenta básica es de 42,34 €*/mes.

15.3 Ventas

Esta cuenta es la específica para los Vendedores, y dentro de ella tenemos acceso a la herramienta de ventas de LinkedIn, Sales Navigator.

Funcionalidades de Sales Navigator Professional

- Los vendedores con esta cuenta, si además usan la metodología Social Selling, tienen 3 veces más probabilidades de superar la cuota., según LinkedIn.
- 20 mensajes InMail al mes.
- Acceso a las estadísticas completas (90 días y cómo te encontraron) de quien ha visto tu perfil.
- Información sobre las ventas.
- Un muro a parte del propio de LinkedIn, donde solo ves a los Leads y contactos con los que estás trabajando, con sus publicaciones, apariciones en medios, los cambios de empleo, el crecimiento de la empresa, etc.
- Visualización ilimitada de perfiles.
- Acceso a todos los perfiles en las búsquedas, incluso los de 3er grado.
- Busqueda Premium con Lead Builder.

- Ve directo, a los responsables de la toma de decisiones, crea listas de posibles contactos con los filtros de búsqueda avanzada.
- Recomendaciones de posibles clientes y contactos guardados.
- Descubre rápidamente a las personas adecuadas y guarda los nombres para mantenerte al tanto de ellas.
- Un mes gratis, la cuenta básica es de 58,07 €*/mes.

15.4 Contrataciones

Esta cuenta es para los reclutadores.

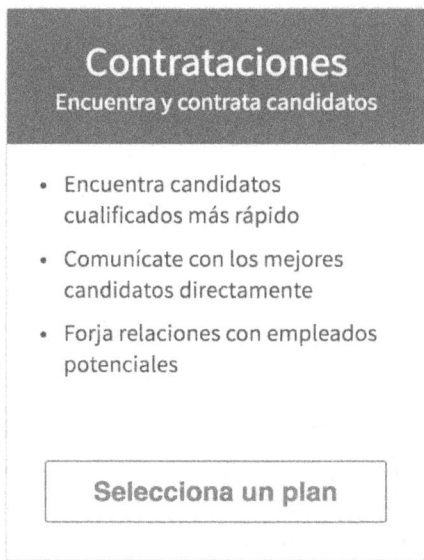

Funcionalidades de Recruiter:

- Acceso a Recruiter Lite
- 30 mensajes InMail al mes para contactar con los candidatos.
- Plantillas de mensajes.
- Acceso a las estadísticas completas (90 días y cómo te encontraron) de quien ha visto tu perfil.
- Búsqueda avanzada

Capítulo 15: Tipos de cuentas Premium de LinkedIn

- Ve directo a los mejores candidatos con filtros de búsqueda avanzada diseñados para la selección de personal.
- Visualización ilimitada de perfiles.
- Ve perfiles a través de los resultados de búsqueda ilimitadamente, así como sugerencias de perfiles, ¡hasta los de 3er grado!
- Sugerencias inteligentes.
- Utiliza sugerencias dinámicas cuando buscas para descubrir más candidatos.
- Seguimiento automático de candidatos.
- Haz un seguimiento de los candidatos y vacantes con Proyectos.
- Contratación integrada.
- Gestiona la lista de candidatos desde un solo lugar.
- Diseño específico para selección de personal.
- Disfruta de un LinkedIn con funciones para la selección de personal.
- Después de un mes gratis, paga el módico precio de 90,69 €*/mes, si se te factura anualmente.

Más información sobre Recruiter Lite

https://business.linkedin.com/talent-solutions/recruiter-lite/tour

Más información sobre Recruiter

https://business.linkedin.com/talent-solutions/recruiter/product-tour

Capítulo 16

Búsqueda de empleo

86% de los que toman las decisiones de contratación, están de acuerdo en que es importante que los candidatos comuniquen con claridad sus logros.

- LinkedIn

La forma de buscar empleo, ha cambiado radicalmente. No se trata solamente de contactar con los reclutadores, y postular por ofertas de empleo, sino que debemos de crearnos una marca profesional (perfil), y ser activos (publicaciones, networking e interacciones).

16.1 Estar en búsqueda sin que lo sepa mi jefe

El 90% de los profesionales se encuentra abiertos a nuevas oportunidades.

- LinkedIn

Cuando imparto mis sesiones de formación a Directivos y Empresarios, y sale la discusión de qué si un empleado puede estar en situación de búsqueda de empleo, yo siempre digo ¿quién creéis que no cambiaría de empleo si hoy mismo le ofrecieran el doble de lo que gana? Todo el mundo está en búsqueda de empleo, lo que cambia es el nivel de intensidad de esa búsqueda de empleo por parte de esa persona.

Así, que lo más importante es que los empleados estén a gusto, y quieran estar en la empresa que están. Y que el tiempo que estén, hagan lo mejor posible su trabajo.

Desde el punto de vista del empleado, en el caso de que quieras aparecer en las búsquedas de los reclutadores, pero que tu perfil no se vea que está en situación de búsqueda de empleo, LinkedIn ha creado esta página.

www.linkedin.com/jobs/career-interests

En esta pantalla puedes escribir una nota que van a poder ver los reclutadores, indicar a que tipos de puestos estas abierto, en que localizaciones, tipos de contratos y a que sectores.

16.2 Cuantas ofertas de trabajo hay

> *Existen más de 6 millones de puestos de trabajos publicados en LinkedIn Jobs.*
>
> *– LinkedIn*

Estos son algunos y la cantidad de puestos que hay:

1. Cloud and Distributed Computing Skills (1.000+).
2. Statistical Analysis skills (cerca de 10.000) and Data Mining (cerca de 12.000).
3. Web Architecture and Development Framework (35.000+).
4. Middleware and Software Integration (10.000+).
5. User Interface Design (3.000+).
6. Network and Information Security (7.000+).
7. Mobile Development (cerca de 6.000).
8. Data Presentation (cerca de 1.000).
9. SEO/SEM Marketing (43.000+).
10. Storage Systems and Management (32.000).

Ahora lo que debes de hacer es entrar en el buscador de ofertas de trabajo de LinkedIn, hacer búsquedas para saber la cantidad de ofertas de trabajo que hay activas en el puesto que buscas.

16.3 Analizando salarios

LinkedIn dispone de una fabulosa herramienta que nos indica el sueldo real para cada puesto de trabajo, lamentablemente solo es para el mundo anglosajón, te lo dejo aquí para que le puedas dar un vistazo.

https://www.linkedin.com/salary

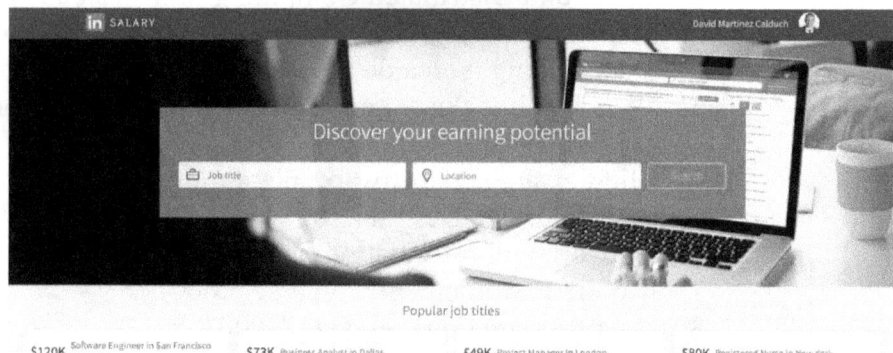

Si tienes dudas de estudiar idiomas, dale un vistazo a los sueldos y se te van a despejar todas las dudas.

Si están pensando en dar un salto internacional en tu carrera, esta herramienta te va a venir muy bien.

Capítulo 17

Seguridad y Privacidad

Con los últimos cambios introducidos en la plataforma de LinkedIn, se ha hecho un gran trabajo para simplificar la gestión de todas las opciones de seguridad.

En este capítulo vamos a revisar las más importantes, para que tu decidas como quieres que se comporten, dependiendo de tu estrategia.

17.1 Como me ven los demás cuando los visito

Al visitar a cualquier persona, inicialmente se indica que somos nosotros, de igual forma, si visitamos nuestras estadísticas de visitas, vemos a las personas que nos han visitado.

En el ordenador, al ir a www.linkedin.com en la parte de la izquierda vemos este cajetín.

Al hacer clic en "Who's viewed your profile" Quien ha visto tu perfil, aparece esta pantalla.

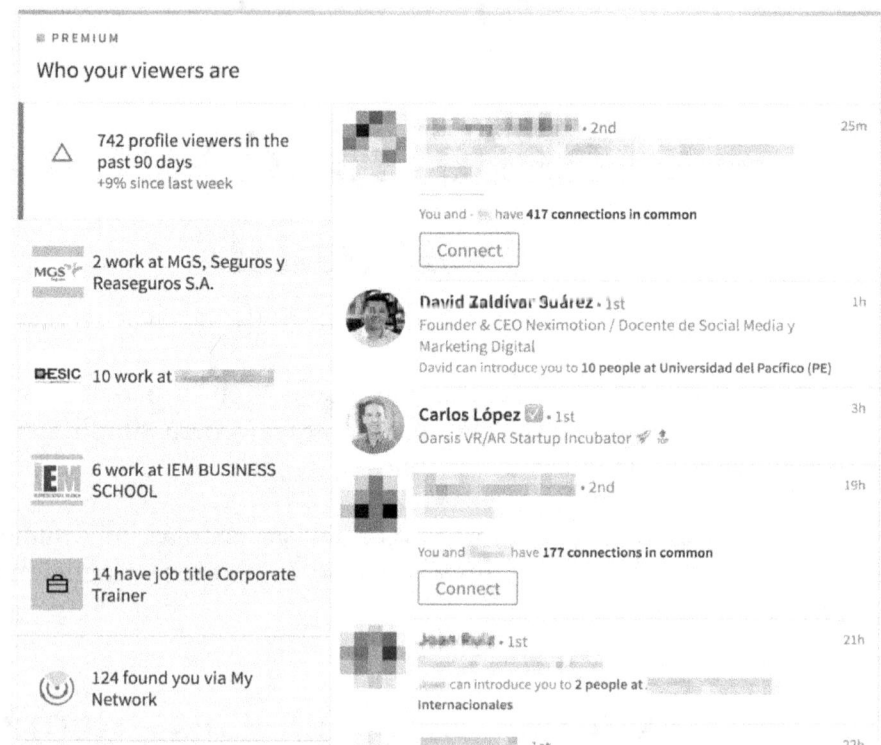

Puedes ver en la parte de la derecha, como se ven las personas que han visitado mi perfil, la foto, nombre y apellidos, cargo, empresa.

Cuando tu visites a otras personas, ellos te verán esa misma pantalla, cuando ellos entren en sus "Quien ha visitado mi perfil", pero existen algunas situaciones, en que es posible que necesites visitar perfiles y que las personas no sepan que eres tú. Primero vamos a ver cómo hacerlo, y después veremos para que podemos necesitar esto.

Capítulo 17: Seguridad y Privacidad

Para poder configurar como queremos que se nos vea o no, al visitar a otros profesionales, tenemos que ir al menú superior derecha, donde tenemos nuestra foto y al hacer clic, seleccionamos "Settings & Privacy" Configuración y Privacidad.

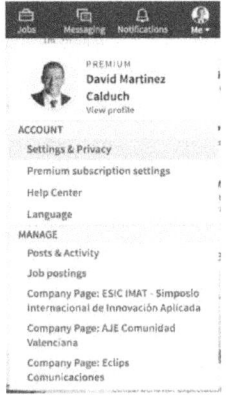

Al entrar en la pantalla, en la parte central, tenemos este menú y seleccionamos "Privacy" Privacidad.

Account   Privacy   Communications

Y en la parte central de la pantalla nos aparecerán estas opciones.

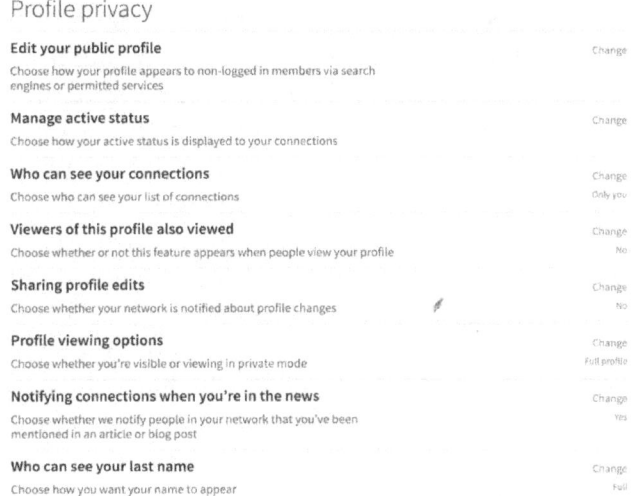

Seleccionamos la sexta opción "Profile viewing options" Opciones de visualización el perfil, hacemos clic en el nombre y se desplegarán las tres opciones.

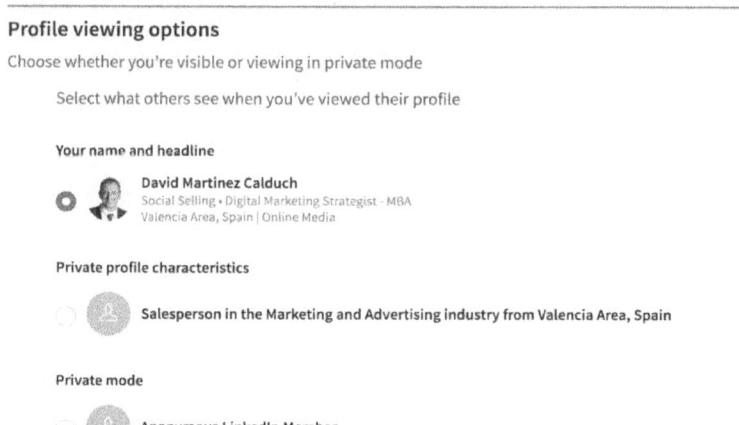

Vamos a ver cada opción para que sirve, y que implicar.

1. Es la que yo tengo seleccionada, cuando visito a alguien, la otra persona ve todos mis datos, y si lo desea puede visitar mi perfil para saber más sobre mí. Como yo doy esa información a las demás personas, LinkedIn a cambio, también me la da a mí, que es la pantalla que hemos visto antes, de quien te ha visitado.
2. No se muestra ni la foto, ni el nombre, ni se permite el acceso a tu perfil, se muestra tu cargo de una forma genérica, en mi caso pone "Salesperson" Ventas, el sector y la ubicación, en mi caso Valencia Area, Spain. A cambio de no dejar que sepan las personas que visitas, que eres tú, LinkedIn amablemente te elimina todas las visitas y no puedes ver quien te visita.
3. Es el nivel más alto de anonimato, pone un miembro de LinkedIn te ha visitado, pero no se puede saber nada más, incluso si la otra persona tiene una versión Premium, va a ver lo mismo. Como ya te puedes imaginar, LinkedIn también te elimina las visitas a tu perfil.

El uso que yo le doy, como puedes ver, es que las demás personas sepan que he ido a verlos, no tengo ningún problema.

Sí que tengo clientes que me han pedido, como poder visitar a la competencia, pero que no se sepa que son ellos, entonces es cuando tienes que usar las opciones 2 o 3, te diría que la 3.

Estas opciones de visita anónima (2 y 3), las usamos cuando trabajo con reclutadores, les viene muy bien para visitar a los candidatos, evitando que los candidatos sepan que reclutador les está visitando, y de que empresa.

En el caso de que vayas a usar las opciones 2 o 3, mi consejo es que, como LinkedIn te va a borrar la visitas que has tenido, antes de activar estas opciones, revisa las visitas, después activas la opción y la usas, y una vez acabes, vuelves a dejar la opción 1 para volver a tener estadísticas, de las nuevas visitas que se generan a partir de ese momento.

Al seleccionar cualquiera de las tres opciones, se guarda automáticamente, no hay un botón de guardar.

17.2 Acceso a tu agenda de contactos

Inicialmente LinkedIn, de buena fe, y con el objetivo de generar oportunidades, configura el acceso a nuestra agenda de contactos pública para nuestros contactos Nivel 1.

La razón es muy sencilla, según la política de LinkedIn, solo debemos de aceptar a aquellas personas que conozcamos, por lo que, como las conocemos y las aceptamos, son de nuestra confianza, y no hay problema en que puedan ver nuestra agenda de contactos.

Dicho esto, te voy a poner de ejemplo mi situación para que veas otro punto de vista. Yo utilizo muy intensivamente LinkedIn para el trabajo, y tengo muchos clientes en mi agenda de LinkedIn, así que, dejar la agenda abierta, es dejar abierta mi agenda de contactos de trabajo. Por otra parte, soy una persona que está abierta aceptar a otros profesionales en mi red de contactos, yo siempre ofrezco la duda de la confianza, después, ya cada uno demuestra quien es.

Por esta razón, ya hace muchos años que tengo la agenda bloqueada. Haber hecho esto, te aseguro que me ha traído muchas discusiones, que me decían que mucho networking, pero que la agenda la tenía bloqueada.

Mi respuesta siempre ha sido la misma, y es la que te voy a dar, esto va de Business (negocios), y si necesitas que te explique más, es que no estamos en la misma onda. Como se suele decir, a buen entendedor, pocas palabras.

Con esto no quiero decir que tengas que bloquear tu agenda, sino que te muestro dos formas de verlo, la decisión sobre tu situación es tuya. Yo te voy a mostrar cómo hacerlo, en el caso de que necesites bloquearla, o si la quieres desbloquear.

Seguimos estando en la misma pantalla que en el punto anterior, y ahora seleccionamos la tercera opción "Who can see your connections" Quien puede ver tus contactos.

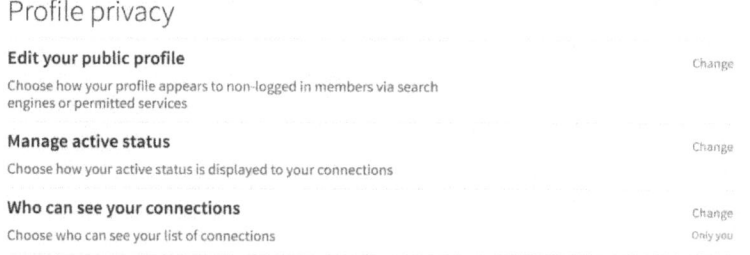

Y al hacer clic sobre el título, se despliega y podemos seleccionar dos opciones, solo tú o tus contactos (Nivel 1).

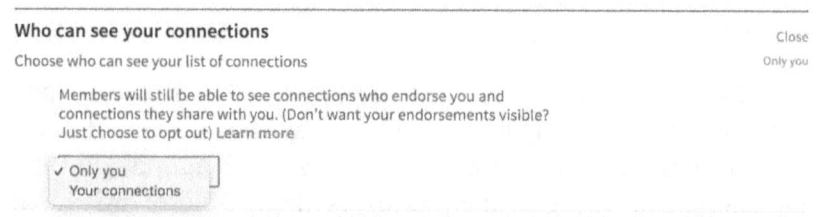

Capítulo 17: Seguridad y Privacidad

17.3 Otros perfiles iguales que tu

Una vez más, con el objetivo de ayudarnos y de ayudar, LinkedIn, cuando visitas un perfil, en el lado derecho del perfil, te muestra otros perfiles de profesionales que han sido visitados cuando visitaron este perfil.

Vamos a ver un ejemplo, visitamos el perfil del Director General de ESIC Valencia, y en la parte de la derecha vemos otros perfiles, que han sido visitados también, cuando visitaron el suyo, podrás ver que aparecen muchos empleados de ESIC. Este puede ser, un uso útil, para dejarlo activado.

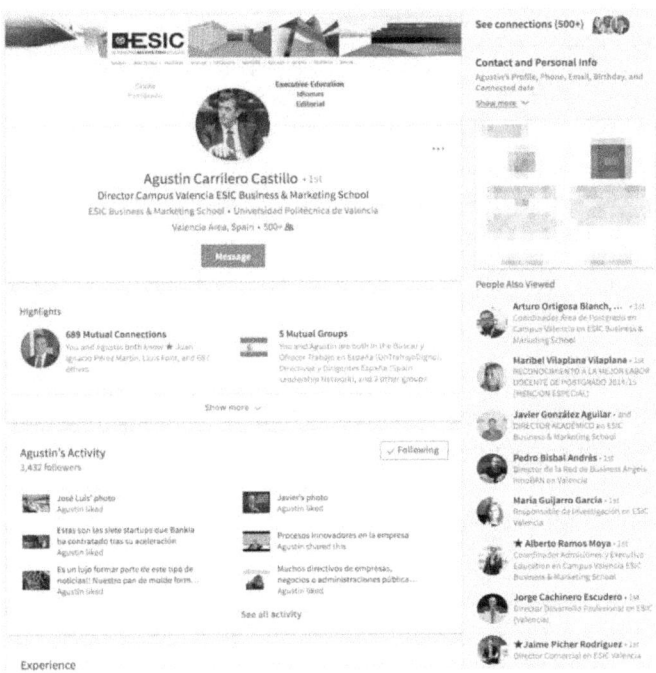

Si visitas mi perfil verás que yo también lo tengo desactivado, ¿la razón?, entiendo que puede ser útil para localizar a otras personas, pero basado en mi estrategia, cuando alguien viene a ver mi perfil, es para eso, para ver mi perfil, para buscar más perfiles ya están las búsquedas. Pero como te digo, es una visión personal basada en mi estrategia.

Y ahora vamos a ver como se activa y desactiva este bloque de información, que solamente es visible cuando se visita tu perfil desde el ordenador.

Seguimos estando en la pantalla de Privacidad, y seleccionamos la cuarta opción "Viewers of this profile also viewed" Los que han visto este perfil también han visto a.

Profile privacy

Edit your public profile   Change
Choose how your profile appears to non-logged in members via search engines or permitted services

Manage active status   Change
Choose how your active status is displayed to your connections

Who can see your connections   Change
Choose who can see your list of connections   Only you

Viewers of this profile also viewed   Change
Choose whether or not this feature appears when people view your profile   No

Hacemos clic en el título y se nos despliega la opción de activar o desactivar.

Viewers of this profile also viewed   Close
Choose whether or not this feature appears when people view your profile   No

Should we display "Viewers of this profile also viewed" box on your Profile page?

 No

17.4 En que dispositivos tienes conectado tu LinkedIn

LinkedIn nos ofrece la posibilidad de gestionar en que ordenadores, tabletas y Smartphones tenemos sesiones abiertas de nuestra cuenta de LinkedIn.

No se trata de volvernos paranoicos, pero es interesante y recomendable cerrar aquellas sesiones que ya no uses, o por ejemplo la sesión de LinkedIn de tu ordenador de trabajo cuando te vas de vacaciones, de tus dispositivos que ya no usas.

Estando en la pantalla de "Settings and Privacy", en el menú central seleccionamos "Account" Cuenta.

Account   Privacy   Communications

En la parte de la izquierda tenemos un menú, y tenemos que tener la primera opción seleccionada "Basics".

| Basics
Partners and Third parties
Subscriptions
Account

Y al entrar tenemos estas opciones, y seleccionamos la sexta, "Where you're signed in" Donde has hecho login.

Basics

Email addresses — Change
Add or remove email addresses on your account — 12 email addresses

Phone numbers — Change
Add a phone number in case you have trouble signing in — 1 phone number

Change password — Change
Choose a unique password to protect your account — Last changed: March 11, 2017

Language — Change
Select the language you use on LinkedIn — English

Name, location, and industry — Change
Choose how your name and other profile fields appear to other members

Where you're signed in — Change
See your active sessions, and sign out if you'd like — 11 active sessions

Hacemos clic sobre el título, y se nos desplegará un listado de todos los sitios / dispositivos donde hemos entrado con nuestra cuenta de LinkedIn. Si cerramos las sesiones, al volver a intentar entrar a LinkedIn con ese dispositivo / navegador, lo único que ocurrirá que nos volverá a pedir nuestro email y contraseña para autentificarnos, y evitar un mal uso de nuestro perfil.

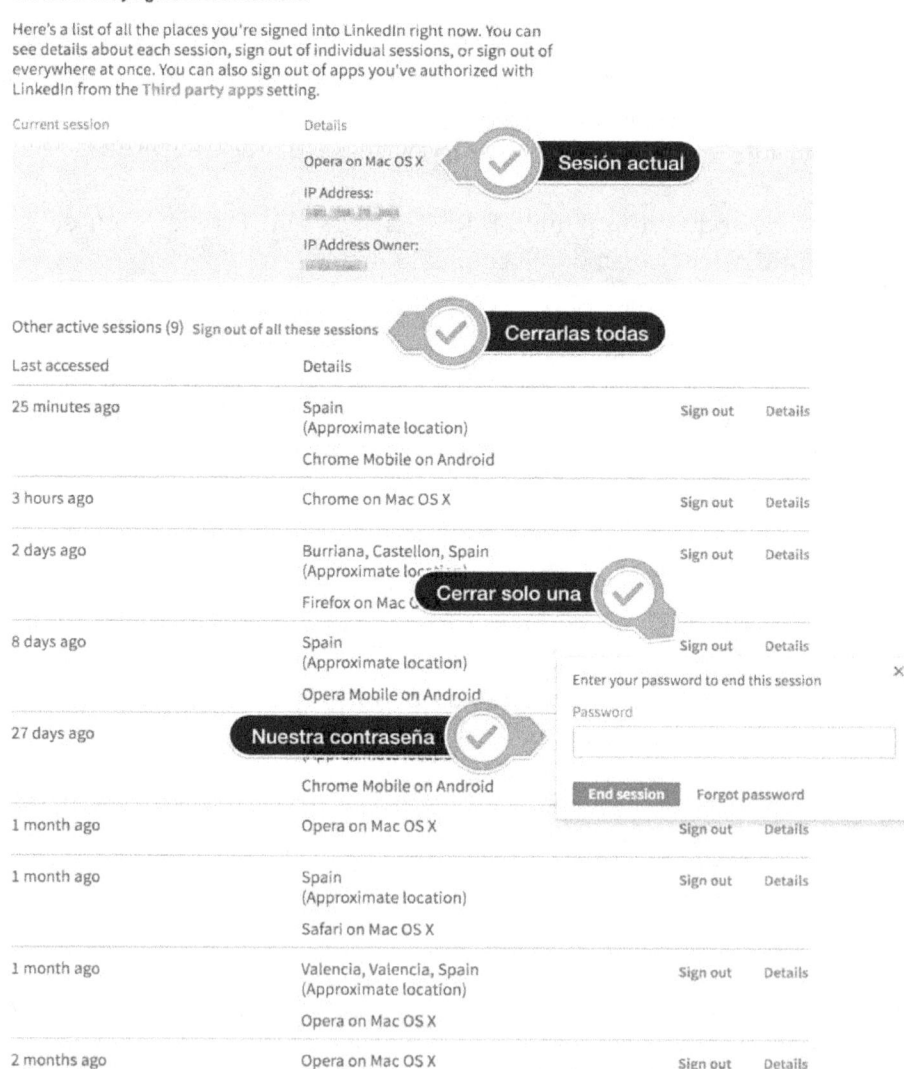

Arriba del todo en color gris, vemos nuestra sesión actual. Después nos indica que tenemos 9 sesiones más abiertas, si haces clic en esa opción, las podemos cerrar todas de golpe. Después tenemos el listado de todas las sesiones, y podemos hacer clic en la de la derecha de cada una de ellas, y cerrar la que queramos. Siempre nos va a pedir nuestra contraseña de LinkedIn como medida de seguridad.

17.5 Donde tengo conectada mi cuenta de LinkedIn

Muchas aplicaciones y webs permiten darnos de alta usando nuestra cuenta de LinkedIn, y también el poder importa datos de nuestro perfil o nuestros contactos, para ahorrarnos trabajo.

LinkedIn tiene una opción donde podemos revisar, donde hemos conectado nuestra cuenta de LinkedIn, y así poder revocar el acceso.

Seguimos en la pantalla de "Settings and Privacy", en el menú central estamos en "Account".

Account	Privacy	Communications

Y en el menú de la izquierda, seleccionamos la segunda opción "Partners and Third parties".

Basics

| Partners and Third parties

Subscriptions

Account

En la parte central de la pantalla nos aparecerán estas opciones, y seleccionamos la primera haciendo clic en el nombre.

Partners and Third parties

Permitted Services — Change
View services you've authorized and manage data sharing — 80 connected apps

Twitter settings — Change
Manage your Twitter info and activity on your LinkedIn account — Connected

WeChat settings — Change
Link, remove, and control visibility of your WeChat account — Connected

Y se desplegará un listado, de todos los sitios donde tenemos conectada nuestra cuenta de LinkedIn, en mi caso me indica que la tengo contactada a 80 servicios / aplicaciones.

Permitted Services — Close
View services you've authorized and manage data sharing — 80 connected apps

These are applications and other services to which you have granted access to your LinkedIn profile and network data. If you remove that access here, they will no longer be able to access your LinkedIn data. To re-enable them in the future, go to the application and grant access again.

Apps and other services you've added

- Microsoft — Remove
- About.me — Remove
- Airbnb — Remove
- Alianzo — Remove
- AngelList — Remove
- Apply Online — Remove
- Apply with LinkedIn — Remove
- [oculto] — Remove
- [oculto] — Remove
- BlogsterApp — Remove

Capítulo 17: Seguridad y Privacidad

Para quitarle la conexión, es tan fácil como hacer clic en "Remove". Es recomendable eliminar la conexión de todo aquello, que ya no tengas o no uses, como medida de seguridad.

Capítulo 18

Problemas habituales y sus soluciones

18.1 Quiero cerrar una cuenta de LinkedIn

Aquí tienes los pasos a seguir.

1. Debes de ir al menú superior donde está tu foto, y seleccionamos "Settings & Privacy".

2. Entramos en el menú superior "Account" y en el menú derecho "Account".

3. Al final del todo, tendremos la opción "Closing your LinkedIn account".

Account

Closing your LinkedIn account   Change
Learn about your options, and close your account if you wish

En el momento que des de baja la cuenta, se borrarán todos los datos, es mejor que antes te descargues una copia de seguridad de todos los datos.

18.2 Mi Perfil de Empresa es un Perfil Profesional

El uso del Perfil Profesional para crear la presencia de la empresa está prohibido por las normas de uso de LinkedIn, es decir, no puedes usar el Perfil Profesional para crear el Perfil de la Empresa, de hecho, LinkedIn puede borrarte el perfil por no cumplir con las normas.

En ese caso debes o bien borrarlo, o bien convertirlo en un Perfil Profesional del Gerente u otro Directivo, si este aún no tiene, con el objetivo de no perder los contactos.

18.3 Tengo dos cuentas y quiero fusionarlas

LinkedIn ha creado una función que permite fusionar dos cuentas profesionales de LinkedIn, en el caso de que nos hayamos dado de alta dos veces. Y así poder juntar los contactos de ambas cuentas.

Capítulo 18: Problemas habituales y sus soluciones 231

Para cerrar tu cuenta de LinkedIn desde la página de **Ajustes y privacidad**:

1. Haz clic en el icono Me, en la parte superior de tu página de inicio de LinkedIn.
2. Selecciona "Settings & Privacy" en el menú desplegable.
3. Entramos en el menú superior "Account" y en el meú derecho "Account".

```
                Account

            Basics
            Partners and Third parties
            Subscriptions
          | Account
```

4. Y selecciona la última opción de la pantalla.

```
Merging LinkedIn accounts                                    Change
Transfer connections from a duplicate account, then close it
```

5. También puedes hacerlo entrando directamente a este enlace.

   https://www.linkedin.com/psettings/account-management/merge-connections

6. Marca el motivo del cierre de la cuenta y haz clic en **Siguiente**.
7. Introduce la contraseña de tu cuenta y selecciona Cerrar cuenta.

18.4 No recuerdo la contraseña

En caso de no recordar la contraseña para entrar a tu cuenta de LinkedIn, puedes pedir que te la reseteen a través de estar dirección.

https://www.linkedin.com/uas/request-password-reset

Te pedirán que introduzcan el email con el que te diste de alta en LinkedIn, y te mandarán un email con un enlace, al hacer clic se abrirá una ventana nueva y podrás poner una nueva contraseña.

Si no te llega el mail, revisa la carpeta Spam.

Si sigue sin llegarte, espérate unos minutos, si aún sigue sin llegar, es posible que no te dieras de alta con ese email.

18.5 No recuerdo la contraseña y mi acceso al email

18.5.1 Usar otro email

La única forma que tiene LinkedIn de mandarte la contraseña es al email con el que te diste de alta, o puedes probar a que te lo mande a otro de los emails que tengas registrados en tu perfil. (ver punto "8.6 emails").

18.5.2 Verificar identidad

Si no hay forma de acceder a ningún email que tienes puesto en tu cuenta de LinkedIn, la única solución es hacer una petición de verificación de identidad, debes de ir a este enlace.

https://www.linkedin.com/uas/request-password-reset

Vas a necesitar:

- Un Smartphone u ordenador con una webcam.
- Tu permiso de conducir, documento nacional de identidad o pasaporte.
- Una dirección de correo electrónico donde te puedan contactar.

La documentación que les facilites, LinkedIn la borra en 14 días. Se te pedirá que fotografíes la documentación y que la asocies a un email donde te puedan contactar.

En la página debes de hacer clic en «No tengo acceso a mi correo».

Se te pedirá una nueva dirección de correo electrónico y después se te pedirá un documento válido (pasaporte, DNI documento de identidad oficial). A partir de ahí te contactarán para seguir con el trámite.

18.5.3 Renovar la contraseña por móvil

Otra opción que tienes, es que, si has introducido tu número de móvil, puedes hacer el cambio de la contraseña a través de un SMS en el momento que pides el reseteo de la contraseña.

https://www.linkedin.com/uas/request-password-reset

18.5.4 Configurar móvil

Para configurar tu teléfono para poder usar esta opción en el futuro, debes ir a esta dirección.

https://www.linkedin.com/psettings/phone

Phone numbers Close
Add a phone number in case you have trouble signing in 1 phone number

Phone numbers you've added

ES +34 ▓▓▓▓▓▓▓▓ Make primary   Remove
☑ Use for password reset

Add phone number

18.6 No quiero que mi perfil sea público

De igual forma que podemos hacer que nuestro perfil sea público, podemos hacer que deje de serlo. Solo tienes que seguir estos pasos:

Para mostrar o cambiar tu perfil público:

1. Ve a tu perfil
2. En la parte de la derecha ve a "Ver tu perfil público"

Edit your public profile

https://www.linkedin.com/public-profile/settings

3. Marca la primera opción para que no sea visible de forma pública tu perfil.

   ○ Make my public profile visible to no one
   ● Make my public profile visible to everyone

4. Y ahora pulsa "Save" Guardar

Capítulo 19

Últimos consejos

Espero que hayas seguido mi consejo, y hayas aplicado lo que hemos ido viendo en el libro. Si lo has hecho, ahora puedes usar este libro como un libro de consulta.

Si te ha gustado este libro, te animo a que des tu opinión en Amazon http://lasclavesde.com/linkedinperfil

Y, si quieres seguir avanzado en tus conocimientos, puedes seguir con el resto de los libros de la serie: www.lasclavesde.com/linkedin